Abitur *Skript*

Mathematik

Gymnasium · Gesamtschule
Niedersachsen

STARK

Inhalt

Vorwort

Analysis

1	**Ganzrationale Funktion und ihre Eigenschaften**	**1**
1.1	Definition	1
1.2	Grenzwertverhalten ganzrationaler Funktionen	2
1.3	Vielfachheit von Nullstellen	2
1.4	Symmetrie (bezüglich des Koordinatensystems)	3
1.5	Verschiebung und Streckung von Funktionsgraphen	4
2	**Weitere Funktionen**	**7**
2.1	Natürliche Exponentialfunktion	7
2.2	Natürliche Logarithmusfunktion	8
2.3	Exponentialgleichungen	8
2.4	Wurzelfunktion	9
2.5	Sinus- und Kosinusfunktion	9
2.6	Umkehrfunktion (eA)	10
3	**Ableitung**	**11**
3.1	Die Ableitung	11
3.2	Ableitungsregeln	12
4	**Elemente der Kurvendiskussion, Anwendungen der Ableitung**	**13**
4.1	Monotonieverhalten, Extrem- und Sattelpunkte	13
4.2	Krümmungsverhalten, Wendepunkte	16
4.3	Gleichungen von Tangenten und Normalen	19
4.4	Extremwertaufgaben	20
5	**Kurvenanpassung**	**23**
5.1	Bestimmen von ganzrationalen Funktionen mithilfe linearer Gleichungssysteme	23
5.2	Trassierung (eA)	25
5.3	Stetigkeit und Differenzierbarkeit (eA)	26

6 Integralrechnung **29**
6.1 Der Begriff des Integrals 29
6.2 Stammfunktion 30
6.3 Integralfunktion und Hauptsatz 32
6.4 Flächenberechnung 34
6.5 Volumenberechnung (eA) 36

7 Wachstumsmodelle und Differenzialgleichungen **37**
7.1 Exponentielles Wachstum 37
7.2 Begrenztes Wachstum 38
7.3 Logistisches Wachstum (eA) 39

Geometrie

1 Punkte im Koordinatensystem **41**
1.1 Punkte im Raum 41
1.2 Abstand von zwei Punkten 41

2 Vektoren **42**
2.1 Rechnen mit Vektoren 42
2.2 Linearkombination 45
2.3 Lineare (Un-)Abhängigkeit von Vektoren 45
2.4 Skalarprodukt 45

3 Geraden und Ebenen **47**
3.1 Geraden im Raum 47
3.2 Lagebeziehungen zwischen Geraden 48
3.3 Parameterform der Ebenengleichung 49
3.4 Normalenform/Koordinatenform der Ebenengleichung (eA) .. 51
3.5 Umwandlung:
    Parameterform ↔ Normalenform/Koordinatenform (eA) 51
3.6 Lagebeziehungen zwischen Gerade und Ebene (eA) 52
3.7 Lagebeziehungen zwischen zwei Ebenen (eA) 54
3.8 Schnittwinkel 55

4 Abstände zwischen geometrischen Objekten (eA) **56**
4.1 Abstand zu einer Ebene 56
4.2 Abstand eines Punktes zu einer Geraden 57
4.3 Abstand zweier windschiefer Geraden 60

Stochastik

1 Grundlagen **61**
1.1 Lage- und Streumaße in der beschreibenden Statistik 61
1.2 Zufallsexperiment, Ergebnisraum und Ereignisse 63

2 Wahrscheinlichkeitsberechnungen **65**
2.1 Der Wahrscheinlichkeitsbegriff 65
2.2 Laplace-Experimente, Laplace-Wahrscheinlichkeit 65
2.3 Baumdiagramme und Vierfeldertafeln 67
2.4 Bedingte Wahrscheinlichkeit 68
2.5 Stochastische Unabhängigkeit 69
2.6 Urnenmodelle und Bernoulli-Formel 71

3 Zufallsgrößen **72**
3.1 Zufallsgrößen und ihre Wahrscheinlichkeitsverteilung 72
3.2 Erwartungswert, Varianz und Standardabweichung 74
3.3 Binomialverteilte Zufallsgrößen 76

4 Beurteilende Statistik **80**
4.1 Schluss von der Gesamtheit auf die Stichprobe 80
4.2 Schluss von der Stichprobe auf die Gesamtheit 81
4.3 Wahl eines genügend großen Stichprobenumfangs 82

5 Normalverteilung (eA) **83**
5.1 Annäherung der Binomialverteilung durch eine
    Normalverteilung 83
5.2 Wahrscheinlichkeiten bei normalverteilten Zufallsgrößen 84

Stichwortverzeichnis **87**

Vorwort

Liebe Schülerin, lieber Schüler,

dieses handliche Buch bietet Ihnen einen Leitfaden zu allen wesentlichen Inhalten, die Sie im **Mathematik-Abitur** benötigen. Es führt Sie systematisch durch den Abiturstoff der Prüfungsgebiete Analysis, Analytische Geometrie und Stochastik und begleitet Sie optimal bei Ihrer Abiturvorbereitung. Durch seinen klar strukturierten Aufbau eignet sich dieses Buch besonders zur Auffrischung und Wiederholung des Prüfungsstoffs kurz vor dem Abitur.

- **Definitionen** und **Regeln** sind durch einen grauen Balken am Rand gekennzeichnet, wichtige **Begriffe** sind durch Fettdruck hervorgehoben.

- Zahlreiche **Abbildungen** veranschaulichen den Lerninhalt.

- Passgenaue **Beispiele** verdeutlichen die Theorie. Sie sind durch eine Glühbirne 💡 gekennzeichnet.

- Zu typischen Grundaufgaben wird die **Vorgehensweise** schrittweise beschrieben.

- Das **Stichwortverzeichnis** führt schnell und treffsicher zum jeweiligen Stoffinhalt.

- Steht im Inhalts- und Stichwortverzeichnis sowie im restlichen Buch ein (eA) hinter einem Thema, dann ist der zugehörige Inhalt **nur für das eA** wichtig. Alle anderen Themen sind für beide Anforderungsniveaus, also **gA und eA**, prüfungsrelevant.

Viel Erfolg bei der Abiturprüfung!

Hartmut Müller-Sommer

Die offiziellen Prüfungsaufgaben der letzten Jahre mit vollständigen Lösungen finden Sie in den folgenden Bänden:
- Abiturprüfung Niedersachsen, Mathematik eA
- Abiturprüfung Niedersachsen, Mathematik gA

Analysis

1   Ganzrationale Funktion und ihre Eigenschaften

1.1 Definition

Unter einer ganzrationalen Funktion (oder Polynomfunktion) vom
Grad n versteht man eine reelle Funktion der Form:

$f: x \mapsto a_n x^n + a_{n-1} x^{n-1} + \ldots + a_1 x + a_0$

mit $n \in \mathbb{N}$, a_n, a_{n-1}, ..., a_1, $a_0 \in \mathbb{R}$ und $a_n \neq 0$

Definitionsmenge: $\mathbb{D}_f = \mathbb{R}$

Die Werte a_n, a_{n-1}, ..., a_1, a_0 heißen **Koeffizienten**.
Die Nullstellen einer ganzrationalen Funktion können der Linearfaktorzerlegung entnommen werden (vgl. auch Abschnitt 1.3).

$f(x) = x^3 - 2x^2 = x^2(x - 2)$

$x_1 = 0$ (doppelte Nullstelle)

$x_2 = 2$

Bemerkung: Da das konstante Glied im
Funktionsterm fehlt, kann die Nullstelle
$x = 0$ durch Faktorisieren ermittelt werden.

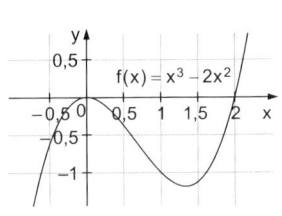

Spezialfälle

Lineare Funktion:	Quadratische Funktion:
$f(x) = mx + t$ (Grad 1)	$f(x) = ax^2 + bx + c$ (Grad 2)
Der Graph ist eine Gerade.	Der Graph ist eine Parabel.

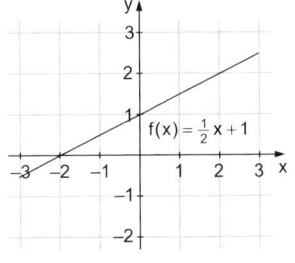

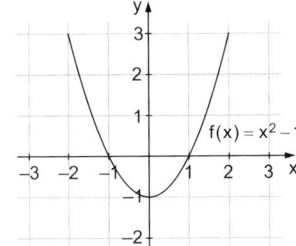

1.2 Grenzwertverhalten ganzrationaler Funktionen

Das Grenzwertverhalten ist festgelegt durch den Koeffizienten a_n und den Grad der Funktion.

$a_n > 0$:

n gerade: $\quad \lim_{x \to \infty} f(x) = \infty; \qquad \lim_{x \to -\infty} f(x) = \infty$

n ungerade: $\quad \lim_{x \to \infty} f(x) = \infty; \qquad \lim_{x \to -\infty} f(x) = -\infty$

$a_n < 0$:

n gerade: $\quad \lim_{x \to \infty} f(x) = -\infty; \qquad \lim_{x \to -\infty} f(x) = -\infty$

n ungerade: $\quad \lim_{x \to \infty} f(x) = -\infty; \qquad \lim_{x \to -\infty} f(x) = \infty$

Bestimmen Sie das Grenzwertverhalten der Funktion f mit $f(x) = -3x^4 - 2x$.

$a_4 = -3 < 0$

$n = 4 \;\Rightarrow\; n$ gerade

$\lim_{x \to \pm\infty} (-3x^4 - 2x) = -\infty$

1.3 Vielfachheit von Nullstellen

Nullstellen ungerader Ordnung
- Eine Funktion f hat an der Stelle x_0 eine Nullstelle ungerader Ordnung, wenn der zugehörige Linearfaktor $(x - x_0)$ in der Linearfaktorzerlegung von f(x) eine ungerade Potenz (1, 3, 5, …) besitzt.
- Der Graph von f weist bei x_0 einen Vorzeichenwechsel (VZW) auf.

Nullstellen gerader Ordnung
- Eine Funktion f hat an der Stelle x_0 eine Nullstelle gerader Ordnung, wenn der zugehörige Linearfaktor $(x - x_0)$ in der Linearfaktorzerlegung von f(x) eine gerade Potenz (2, 4, 6, …) besitzt.
- Der Graph von f weist bei x_0 keinen Vorzeichenwechsel (VZW) auf.

Einfache Nullstelle bei $x = 1$:

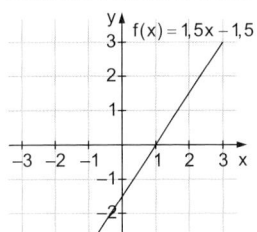

Nullstelle mit VZW;
Graph von f schneidet die x-Achse.

Doppelte Nullstelle bei $x = 1$:

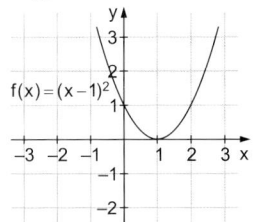

Nullstelle ohne VZW;
Graph von f berührt die x-Achse.

Dreifache Nullstelle bei $x = 0$:

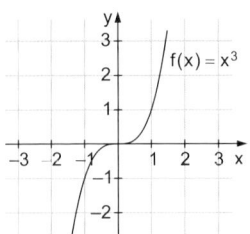

Nullstelle mit VZW;
Graph von f schneidet die x-Achse.

Vierfache Nullstelle bei $x = -1$:

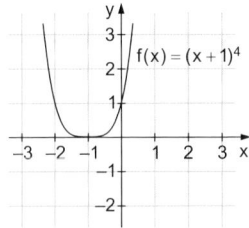

Nullstelle ohne VZW;
Graph von f berührt die x-Achse.

Nullstellen mit Vielfachheiten der Funktion f mit

$f(x) = \frac{1}{10} x^5 (x + 3)^2 (x - 2)$:

$x = 0$: fünffache Nullstelle (VZW)

$x = -3$: doppelte Nullstelle (kein VZW)

$x = 2$: einfache Nullstelle (VZW)

1.4 Symmetrie (bezüglich des Koordinatensystems)

Der Graph einer reellen Funktion f ist
(1) **achsensymmetrisch** (bezüglich der y-Achse), wenn gilt:
   $f(-x) = f(x)$ für alle $x \in \mathbb{D}_f$
(2) **punktsymmetrisch** (bezüglich des Ursprungs), wenn gilt:
   $f(-x) = -f(x)$ für alle $x \in \mathbb{D}_f$

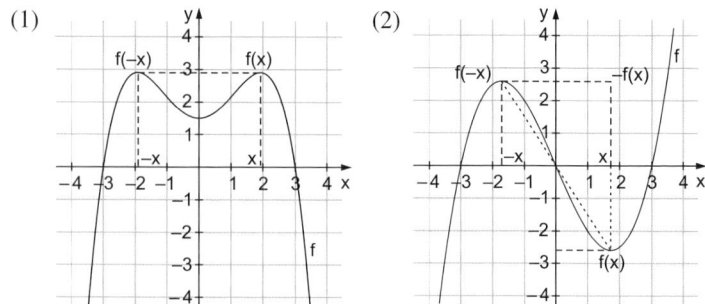

Rechnerisch überprüft man eine Funktion auf Symmetrie, indem man $(-x)$ für x in den Funktionsterm einsetzt.

 Symmetrieuntersuchung der Funktion f mit $f(x) = -\frac{1}{10}x^2(x^2-9)$:

$f(-x) = -\frac{1}{10}(-x)^2((-x)^2-9) = -\frac{1}{10}x^2(x^2-9) = f(x)$ für alle $x \in \mathbb{R}$

$\Rightarrow$ Der Graph von f ist achsensymmetrisch bezüglich der y-Achse.

Bemerkung: Der Graph einer ganzrationalen Funktion ist
- achsensymmetrisch zur y-Achse, wenn die x-Terme nur in geraden Potenzen im Funktionsterm vorkommen.
- punktsymmetrisch zum Ursprung, wenn die x-Terme nur in ungeraden Potenzen im Funktionsterm vorkommen und f(x) kein konstantes Glied enthält.

1.5 Verschiebung und Streckung von Funktionsgraphen

Verschiebung des Graphen von f in y-Richtung

Der Graph der Funktion g mit $g(x) = f(x) + d$ entsteht aus dem Graphen der Funktion f durch Verschiebung um $|d|$ Längeneinheiten in y-Richtung (also parallel zur y-Achse):

$f(x) \rightarrow f(x) + d$: $d > 0 \rightarrow$ Verschiebung nach oben
$\qquad\qquad\qquad\quad d < 0 \rightarrow$ Verschiebung nach unten

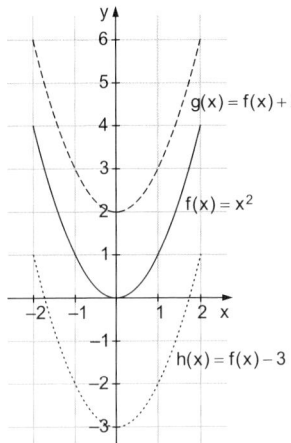

Verschiebung des Graphen von f in x-Richtung

Der Graph der Funktion g mit $g(x) = f(x + c)$ entsteht aus dem Graphen der Funktion f durch Verschiebung um $|c|$ Längeneinheiten in x-Richtung (also parallel zur x-Achse):

$f(x) \to f(x + c)$: $c > 0 \to$ Verschiebung nach links
$\qquad\qquad\qquad c < 0 \to$ Verschiebung nach rechts

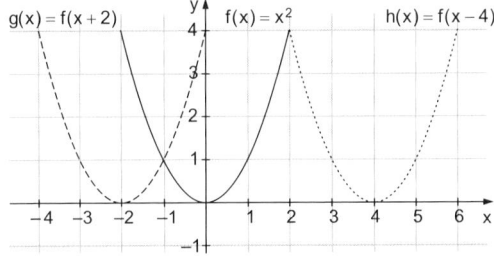

Streckung / Stauchung des Graphen von f in y-Richtung

Der Graph der Funktion g mit $g(x) = a \cdot f(x)$ entsteht aus dem Graphen von f durch vertikale Streckung / Stauchung mit dem Faktor $|a|$:

$f(x) \to a \cdot f(x)$ mit $a > 0$: $a > 1 \to$ Streckung
$\qquad\qquad\qquad\qquad\quad 0 < a < 1 \to$ Stauchung

$f(x) \to -a \cdot f(x)$ mit $a > 0$: zusätzliche Spiegelung an der x-Achse

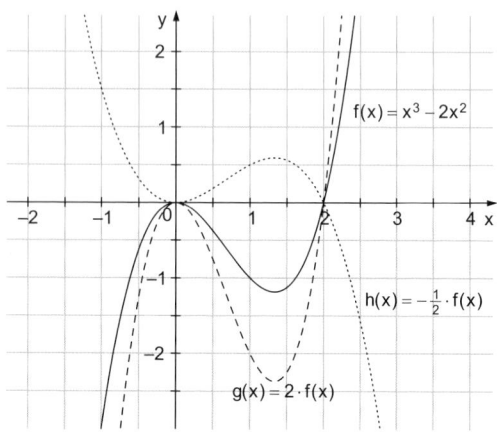

Streckung/Stauchung des Graphen von f in x-Richtung

Der Graph der Funktion g mit $g(x) = f(b \cdot x)$ entsteht aus dem Graphen der Funktion f durch horizontale Streckung bzw. Stauchung mit dem Faktor $\left| \frac{1}{b} \right|$:

$f(x) \to f(b \cdot x)$ mit $b > 0$: $b > 1 \to$ Stauchung

$\phantom{f(x) \to f(b \cdot x) \text{ mit } b > 0:}$ $0 < b < 1 \to$ Streckung

$f(x) \to f(-b \cdot x)$ mit $b > 0$: zusätzliche Spiegelung an der y-Achse

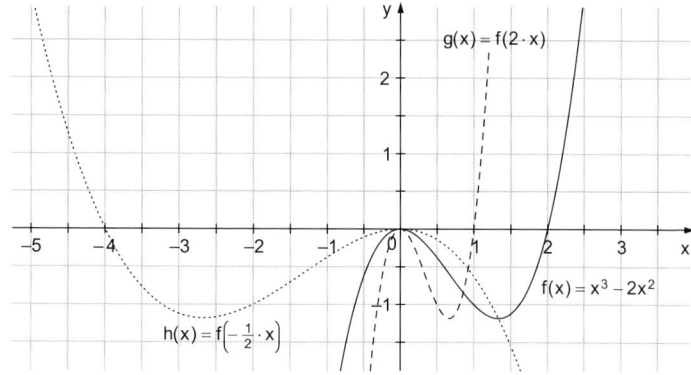

2 Weitere Funktionen

2.1 Natürliche Exponentialfunktion

- Die natürliche Exponentialfunktion hat die Funktionsgleichung $f(x) = e^x$.
- Definitionsmenge: $\mathbb{D}_f = \mathbb{R}$
  Wertemenge:
  $\mathbb{W}_f = \mathbb{R}^+$ $(e^x > 0$ für alle $x \in \mathbb{R})$
- Die e-Funktion hat keine Null-
  stellen.
- Wichtige Grenzwerte:

$$\lim_{x \to -\infty} e^x = 0^+$$

$$\lim_{x \to +\infty} e^x = +\infty$$

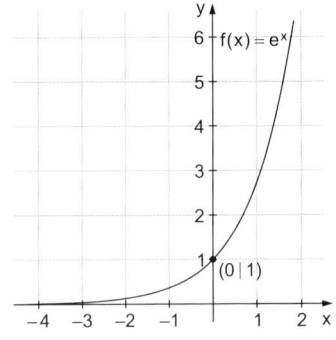

Bemerkung: 0^+ bedeutet, dass sich die Werte der Null nähern und positiv sind.

1. Bestimmen Sie die Nullstelle der Funktion f mit
   $f(x) = (x+1) \cdot e^x$; $x \in \mathbb{R}$.

$$f(x) = 0$$
$$\Leftrightarrow \quad (x+1) \cdot e^x = 0$$
$$\Leftrightarrow \quad x + 1 = 0 \qquad \text{da } e^x > 0 \text{ für alle } x \in \mathbb{R}$$
$$\Leftrightarrow \quad x = -1$$

2. Gegeben ist die Funktion f mit $f(x) = \frac{e^x}{e^x + 1}$ mit $\mathbb{D}_f = \mathbb{R}$.
   Berechnen Sie den Funktionswert an der Stelle $\ln(2)$ und bestimmen Sie das Verhalten an den Rändern des Definitionsbereichs.

$$f(\ln(2)) = \frac{e^{\ln(2)}}{e^{\ln(2)} + 1} = \frac{2}{2+1} = \frac{2}{3}$$

$$\lim_{x \to +\infty} f(x) = \lim_{x \to +\infty} \frac{e^x}{e^x \left(1 + \frac{1}{e^x}\right)} = \lim_{x \to +\infty} \frac{1}{1 + \frac{1}{e^x}} = \frac{1}{,, 1 + 0^+ ``} = 1$$

$$\lim_{x \to -\infty} f(x) = \lim_{x \to -\infty} \frac{e^x}{e^x + 1} = \frac{0^+}{,, 0^+ + 1 ``} = 0^+$$

2.2 Natürliche Logarithmusfunktion

- Die natürliche Logarithmus-
  funktion hat die Funktions-
  gleichung $f(x) = \ln(x)$.
- Definitionsmenge: $\mathbb{D}_f = \mathbb{R}^+$
  Wertemenge: $\mathbb{W}_f = \mathbb{R}$
- Die ln-Funktion hat eine Null-
  stelle bei $x = 1$.
- Wichtige Grenzwerte:
  $$\lim_{x \to 0^+} \ln(x) = -\infty$$
  $$\lim_{x \to +\infty} \ln(x) = +\infty$$

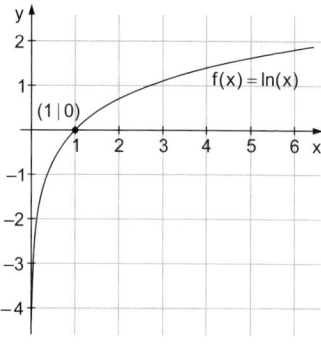

Logarithmusgesetze

$$\ln(a \cdot b) = \ln(a) + \ln(b), \quad \ln\left(\tfrac{a}{b}\right) = \ln(a) - \ln(b)$$
$$\ln(a^c) = c \cdot \ln(a)$$
$$a > 0, \ b > 0$$

2.3 Exponentialgleichungen

In einer Exponentialgleichung kommen Potenzen vor, bei denen die
Variable im Exponenten steht. Zur Lösung einer solchen Gleichung
werden der Logarithmus und die Logarithmengesetze gebraucht.

1.
$$4^x = 120$$
$$\ln(4^x) = \ln(120)$$
$$x \cdot \ln(4) = \ln(120)$$
$$x = \frac{\ln(120)}{\ln(4)} \approx 3,45$$

2.
$$2e^{-3x} + 1 = 5$$
$$2e^{-3x} = 4$$
$$e^{-3x} = 2$$
$$\ln(e^{-3x}) = \ln(2)$$
$$-3x \cdot \ln(e) = \ln(2)$$
$$-3x = \ln(2)$$
$$x = -\tfrac{1}{3}\ln(2)$$
$$x \approx -0,23$$

2.4 Wurzelfunktion

- Die Wurzelfunktion hat die Funktionsgleichung $f(x) = \sqrt{x}$.
- Definitionsmenge: $\mathbb{D}_f = \mathbb{R}_0^+$
  Wertemenge: $\mathbb{W}_f = \mathbb{R}_0^+$
- Die Wurzelfunktion hat eine Nullstelle bei $x = 0$.
- Der Graph der Wurzelfunktion verläuft im I. Quadranten und durch den Punkt $P(1 \mid 1)$.

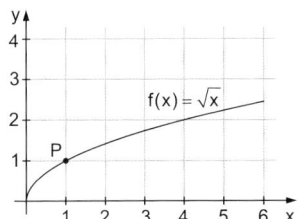

2.5 Sinus- und Kosinusfunktion

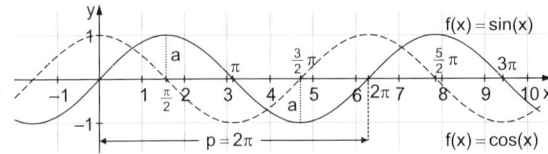

- Die Sinus- und die Kosinusfunktion haben die Funktionsgleichungen $f(x) = \sin(x)$ und $f(x) = \cos(x)$.
- Definitionsmenge: $\mathbb{D}_f = \mathbb{R}$
  Wertemenge: $\mathbb{W}_f = [-1; 1]$
- Nullstellen:
  $\sin(x) = 0 \Leftrightarrow x = k \cdot \pi; \quad k \in \mathbb{Z} \quad (\ldots, -2\pi, -\pi, 0, \pi, 2\pi, \ldots)$
  $\cos(x) = 0 \Leftrightarrow x = \frac{\pi}{2} + k \cdot \pi; \quad k \in \mathbb{Z} \quad (\ldots, -\frac{3}{2}\pi, -\frac{\pi}{2}, \frac{\pi}{2}, \frac{3}{2}\pi, \ldots)$

Wegen $\cos(x) = \sin\left(x + \frac{\pi}{2}\right)$ entsteht der Graph der Kosinusfunktion aus dem der Sinusfunktion durch Verschieben „nach links" um $\frac{\pi}{2}$.

Die Graphen der Sinus- und Kosinusfunktion können verschoben und gestreckt oder gestaucht werden. Diese Vorgänge geben die Parameter a, b, c und d in den Funktionsgleichungen der **allgemeinen Sinus-** bzw. **Kosinusfunktion** an:

$f(x) = a \cdot \sin(b \cdot (x + c)) + d$ bzw. $f(x) = a \cdot \cos(b \cdot (x + c)) + d$
mit a, b, c, d $\in \mathbb{R}$ und a, b $\neq 0$

a: bestimmt die Amplitude ($\hat{=}$ „maximaler Ausschlag nach oben bzw. unten um $|a|$")

b: bestimmt die Periode ($\hat{=}$ „eine Schwingung"), $p = \left| \frac{2\pi}{b} \right|$

c: Verschiebung längs x-Achse (Phasenverschiebung)

d: Verschiebung längs y-Achse

2.6 Umkehrfunktion (eA)

Bedingung für Umkehrbarkeit

Eine Funktion f ist auf ihrem Definitionsbereich bzw. einem Teilinter-vall des Definitionsbereichs umkehrbar, wenn sie dort entweder nur streng monoton steigt oder nur streng monoton fällt.

Der Term der Umkehrfunktion f^{-1} einer Funktion f ergibt sich durch Vertauschen der x- und y-Werte, ihr Graph durch Spiegelung des Graphen von f an der Winkelhalbierenden $y = x$.

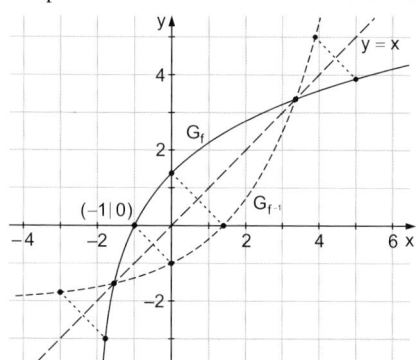

Vorgehensweise zur Bestimmung der Umkehrfunktion

Schritt 1: Funktionsterm $y = f(x)$ nach x auflösen

Schritt 2: x und y vertauschen

Schritt 3: Term der Umkehrfunktion f^{-1} mit Definitionsmenge angeben; es gilt: $\mathbb{D}_{f^{-1}} = \mathbb{W}_f$ (und $\mathbb{W}_{f^{-1}} = \mathbb{D}_f$)

Bestimmen Sie einen Term der Umkehrfunktion der Funktion $f(x) = \sqrt{x+2}$ mit $\mathbb{D}_f = [-2; \infty[$, $\mathbb{W}_f = \mathbb{R}_0^+$.

Schritt 1:

$y = \sqrt{x + 2} \;\Rightarrow\; y^2 = x + 2 \;\Rightarrow\; x = y^2 - 2$

Schritt 2:

$y = x^2 - 2$

Schritt 3:

$f^{-1}(x) = x^2 - 2$ mit $\mathbb{D}_{f^{-1}} = \mathbb{W}_f = \mathbb{R}_0^+$ (und $\mathbb{W}_{f^{-1}} = \mathbb{D}_f = [-2; \infty[$)

3 Ableitung

3.1 Die Ableitung

Die Ableitung einer Funktion entspricht in jedem Punkt der Steigung der Tangente an den Graphen der Funktion und wird deshalb als Grenzwert der Sekantensteigung bestimmt.

Der **Differenzenquotient** $\dfrac{f(x) - f(x_0)}{x - x_0}$ (mittlere Änderungsrate) gibt die Steigung einer Sekante durch den Punkt $P(x_0 \,|\, f(x_0))$ und einen weiteren Punkt des Graphen der Funktion f an.

Der Grenzwert des Differenzenquotienten bei Annäherung der beiden Punkte heißt **Differenzialquotient** und gibt die Steigung der Tangente im Punkt P an den Graphen von f bzw. die Ableitung der Funktion an der Stelle x_0 an:

$f'(x_0) = \lim\limits_{x \to x_0} \dfrac{f(x) - f(x_0)}{x - x_0}$ (momentane Änderungsrate) bzw.

$f'(x_0) = \lim\limits_{h \to 0} \dfrac{f(x_0 + h) - f(x_0)}{h}$

Eine Funktion f heißt ableitbar bzw. **differenzierbar** an der Stelle x_0, wenn dieser Grenzwert existiert und nicht unendlich ist (siehe S. 28).

Ableitungen der Grundfunktionen

Es gilt die **Potenzregel**:

$f(x) = x^r$ mit $r \in \mathbb{R}$ $\Rightarrow$ $f'(x) = r \cdot x^{r-1}$

Bestimmen Sie jeweils die Ableitung der Funktion.

1. $f(x) = x^4 \implies f'(x) = 4 \cdot x^{4-1} = 4 \cdot x^3$

2. $g(x) = \sqrt{x} = x^{\frac{1}{2}} \implies g'(x) = \frac{1}{2} \cdot x^{\frac{1}{2}-1} = \frac{1}{2} \cdot x^{-\frac{1}{2}} = \frac{1}{2\sqrt{x}}$

3. $h(x) = \frac{1}{x} = x^{-1} \implies h'(x) = (-1) \cdot x^{-1-1} = -x^{-2} = -\frac{1}{x^2}$

Weitere Grundfunktionen:

$f(x) = c \text{ mit } c \in \mathbb{R} \implies f'(x) = 0$

$f(x) = e^x \implies f'(x) = e^x$

$f(x) = \ln(x) \implies f'(x) = \frac{1}{x}$

$f(x) = \sin(x) \implies f'(x) = \cos(x)$

$f(x) = \cos(x) \implies f'(x) = -\sin(x)$

3.2 Ableitungsregeln

Zum Ableiten komplexerer Funktionen benötigt man weitere Regeln.

Faktorregel

$f(x) = a \cdot u(x) \text{ mit } a \in \mathbb{R} \implies f'(x) = a \cdot u'(x)$

Summenregel

$f(x) = u(x) + v(x) \implies f'(x) = u'(x) + v'(x)$

Produktregel

$f(x) = u(x) \cdot v(x) \implies f'(x) = u'(x) \cdot v(x) + u(x) \cdot v'(x)$

Kettenregel

$f(x) = u(v(x)) \implies f'(x) = u'(v(x)) \cdot v'(x)$

 Faktorregel

$f(x) = 5 \cdot x^2 \implies f'(x) = 5 \cdot 2 \cdot x = 10x$

Summenregel

$f(x) = x^3 + e^x \implies f'(x) = 3x^2 + e^x$

Produktregel

$f(x) = x^2 \cdot e^x \implies f'(x) = 2x \cdot e^x + x^2 \cdot e^x = x \cdot e^x (2 + x)$

Kettenregel

$f(x) = e^{x^2-1} \implies f'(x) = e^{x^2-1} \cdot 2x = 2x \cdot e^{x^2-1}$

4 Elemente der Kurvendiskussion, Anwendungen der Ableitung

Mithilfe der Ableitung können Funktionen auf bestimmte Eigenschaften untersucht und Rückschlüsse auf den Verlauf des Funktionsgraphen gezogen werden. Die 1. Ableitung bestimmt dabei die Steigung der Funktion, die 2. Ableitung ihre Krümmung.

4.1 Monotonieverhalten, Extrem- und Sattelpunkte

Die Monotonie beschreibt das Steigungsverhalten einer Funktion.

Monotoniekriterium

$f'(x) < 0$ im Intervall I $\Rightarrow$ Der Graph von f fällt streng monoton in I.

$f'(x) > 0$ im Intervall I $\Rightarrow$ Der Graph von f steigt streng monoton in I.

Extremstellen und Sattelstellen sind Stellen (x-Werte), an denen der Graph einer Funktion die Steigung null und damit eine waagrechte Tangente besitzt. Ändert sich an dieser Stelle das Monotonieverhalten (von steigend zu fallend oder umgekehrt), liegt ein Extrempunkt vor, andernfalls ein Sattelpunkt.

Art von Extremwerten

Ist $f'(x_0) = 0$ und wechselt f' an der Stelle x_0 das Vorzeichen, so hat der Graph der Funktion f an dieser Stelle einen Extrempunkt.

VZW von − nach + : relatives Minimum bei x_0 (Tiefpunkt)

VZW von + nach − : relatives Maximum bei x_0 (Hochpunkt)

kein VZW: Sattelpunkt

Bemerkung: Ist eine Funktion nur auf einem Teilbereich von $\mathbb{R}$ definiert, kann der maximale bzw. minimale Wert auch am Rand dieses Bereichs angenommen werden (Randextremum). Da dies keine Hoch- bzw. Tiefpunkte im eigentlichen Sinne sind, werden sie nicht durch das obige Kriterium erfasst. Dies muss insbesondere bei Extremwertproblemen berücksichtigt werden.

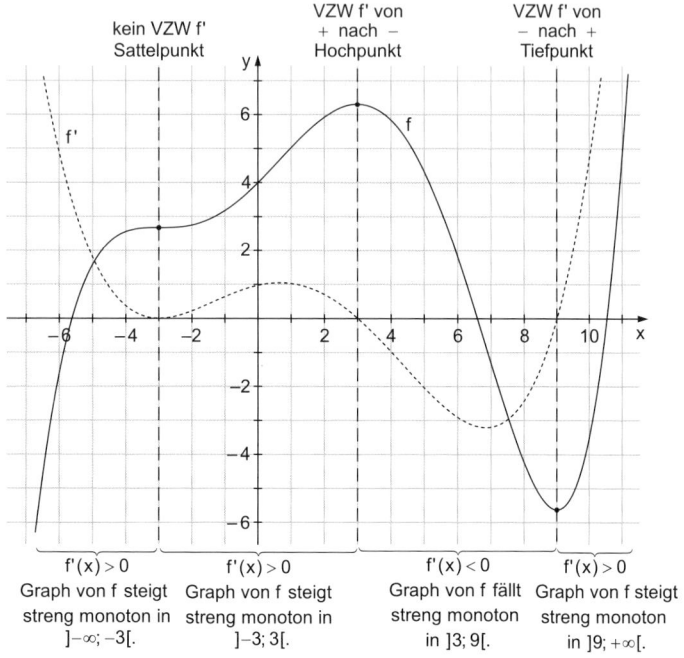

| kein VZW f'
Sattelpunkt | VZW f' von
+ nach −
Hochpunkt | VZW f' von
− nach +
Tiefpunkt |

$f'(x) > 0$	$f'(x) > 0$	$f'(x) < 0$	$f'(x) > 0$
Graph von f steigt streng monoton in $]-\infty; -3[$.	Graph von f steigt streng monoton in $]-3; 3[$.	Graph von f fällt streng monoton in $]3; 9[$.	Graph von f steigt streng monoton in $]9; +\infty[$.

Bestimmung des Monotonieverhaltens und der Extrempunkte mithilfe einer Monotonietabelle

Vorgehensweise

Schritt 1: 1. Ableitung von f bestimmen

Schritt 2: Nullstellen der 1. Ableitung berechnen, d. h. Lösen der Gleichung $f'(x) = 0$

Schritt 3: Für jede Nullstelle x_0 der 1. Ableitung überprüfen, ob $f'(x)$ beim Fortschreiten von links nach rechts über die Nullstelle hinweg das Vorzeichen wechselt.

VZW von − nach + : relatives Minimum bei x_0

VZW von + nach − : relatives Maximum bei x_0

kein VZW: Sattelpunkt

$f(x) = x \cdot e^x$

Schritt 1:

$f'(x) = 1 \cdot e^x + x \cdot e^x = e^x(1+x)$

Schritt 2:

$$f'(x) = 0$$
$$e^x(1+x) = 0 \qquad |: e^x > 0$$
$$1+x = 0$$
$$x = -1$$

Schritt 3:

Monotonietabelle:

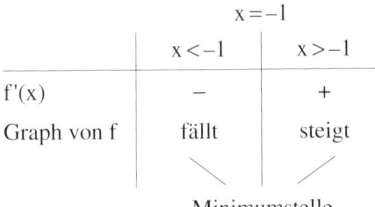

	$x = -1$	
	$x < -1$	$x > -1$
f'(x)	$-$	$+$
Graph von f	fällt	steigt
	↘	↗

Minimumstelle

Der Graph von f fällt streng monoton für $x < -1$ und steigt streng monoton für $x > -1$. Er hat den Tiefpunkt $T(-1 \mid f(-1)) = T(-1 \mid -e^{-1})$.

Bestimmung der Extrempunkte mithilfe der 2. Ableitung

Alternativ kann die Art der Extrempunkte mithilfe der 2. Ableitung bestimmt werden. Allerdings lässt sich bei diesem Vorgehen kein direkter Rückschluss auf einen Sattelpunkt ziehen.

Art von Extremwerten *(alternatives Kriterium)*
Ist $f'(x_0) = 0$ und $f''(x_0) > 0$, so hat der Graph von f an der Stelle x_0 ein relatives Minimum (Tiefpunkt).
Ist $f'(x_0) = 0$ und $f''(x_0) < 0$, so hat der Graph von f an der Stelle x_0 ein relatives Maximum (Hochpunkt).

Bemerkung:
$f'(x_0) = 0$ wird als „notwendige Bedingung" bezeichnet.
$f'(x_0) = 0$ und $f''(x_0) \neq 0$ wird „hinreichende Bedingung" genannt.

Vorgehensweise

Schritt 1: 1. und 2. Ableitung von f bestimmen

Schritt 2: Nullstellen der 1. Ableitung berechnen, d. h. Lösen der Gleichung $f'(x) = 0$

Schritt 3: Für jede Nullstelle x_0 der 1. Ableitung den Funktionswert $f''(x_0)$ berechnen und das Ergebnis auswerten

$f''(x_0) > 0$: relatives Minimum bei x_0

$f''(x_0) < 0$: relatives Maximum bei x_0

$f''(x_0) = 0$: Sattelpunkt *möglich*

 $f(x) = x \cdot e^x$

Schritt 1:

$f'(x) = 1 \cdot e^x + x \cdot e^x = e^x(1 + x)$

$f''(x) = e^x \cdot (1 + x) + e^x \cdot 1 = e^x(2 + x)$

Schritt 2:

$f'(x) = 0 \quad \Leftrightarrow \quad x = -1$

Schritt 3:

$f''(-1) = e^{-1} \cdot (2 - 1) = e^{-1} > 0 \quad \Rightarrow \quad$ relatives Minimum bei $x = -1$

$\Rightarrow \quad$ Der Graph von f hat den Tiefpunkt $T(-1 \,|\, -e^{-1})$.

Bemerkung: Ist der Graph einer Funktion f bereits vorgegeben und erkennbar, dass ein Hoch- oder Tiefpunkt existiert, so genügt es für die genaue Lagebestimmung, die Nullstellen der 1. Ableitung zu berechnen. Der Schritt 3 ist dann nicht mehr erforderlich.

4.2 Krümmungsverhalten, Wendepunkte

Graphenkrümmung

$f''(x) < 0$ im Intervall I $\quad \Rightarrow \quad$ Der Graph von f ist in I rechtsgekrümmt.

$f''(x) > 0$ im Intervall I $\quad \Rightarrow \quad$ Der Graph von f ist in I linksgekrümmt.

Wendestellen sind Stellen (x-Werte), an denen der Graph einer Funktion seine Krümmung wechselt (von einer Links- in eine Rechtskurve oder umgekehrt).

Wendepunkte

Ist $f''(x_0) = 0$ und wechselt $f''(x)$ an der Stelle x_0 das Vorzeichen, so hat der Graph von f an dieser Stelle einen Wendepunkt.

Ein Sattelpunkt ist ein Wendepunkt mit waagrechter Tangente (vgl. Abschnitt 4.1).

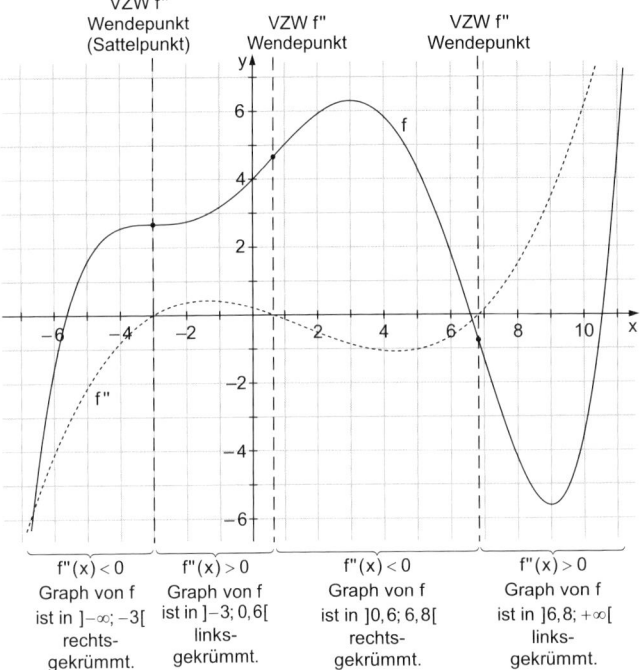

Bestimmung des Krümmungsverhaltens und der Wende-punkte mithilfe einer Krümmungstabelle

Vorgehensweise

Schritt 1: 1. und 2. Ableitung von f bestimmen

Schritt 2: Nullstellen der 2. Ableitung berechnen, d. h. Lösen der Gleichung $f''(x) = 0$

Schritt 3: Für jede Nullstelle x_0 der 2. Ableitung überprüfen, ob $f''(x)$ beim Fortschreiten von links nach rechts über die Nullstelle hinweg das Vorzeichen wechselt.

bei VZW: Wendepunkt
kein VZW: kein Wendepunkt

 $f(x) = x \cdot e^x$

Schritt 1:

$f'(x) = 1 \cdot e^x + x \cdot e^x = e^x(1+x)$

$f''(x) = e^x \cdot (1+x) + e^x \cdot 1 = e^x(2+x)$

Schritt 2:

$$f''(x) = 0$$
$$\Leftrightarrow \quad e^x(2+x) = 0$$
$$\Leftrightarrow \qquad 2+x = 0 \qquad \text{da } e^x > 0 \text{ für alle } x \in \mathbb{R}$$
$$\Leftrightarrow \qquad\quad x = -2$$

Schritt 3:

Krümmungstabelle:

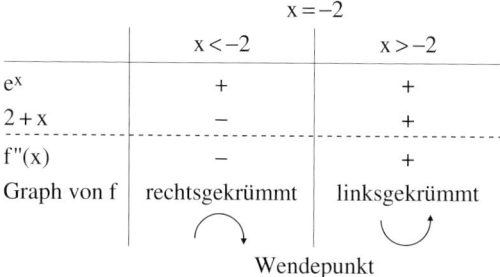

	$x = -2$	
	$x < -2$	$x > -2$
e^x	$+$	$+$
$2 + x$	$-$	$+$
$f''(x)$	$-$	$+$
Graph von f	rechtsgekrümmt	linksgekrümmt

Wendepunkt

Der Graph von f ist in $]-\infty; -2[$ rechts- und in $]-2; +\infty[$ linksgekrümmt. Er hat den Wendepunkt $W(-2 \mid f(-2)) = W(-2 \mid -2e^{-2})$.

Bestimmung der Wendepunkte mithilfe der 3. Ableitung

Alternativ kann die Bestimmung der Wendepunkte mithilfe der 3. Ableitung erfolgen.

Wendepunkte *(alternatives Kriterium)*
Ist $f''(x_0) = 0$ und $f'''(x_0) \neq 0$, so hat der Graph von f an der Stelle x_0 einen Wendepunkt.

Vorgehensweise

Schritt 1: 1., 2. und 3. Ableitung von f bestimmen

Schritt 2: Nullstellen der 2. Ableitung berechnen, d. h. Lösen der Gleichung f''(x) = 0

Schritt 3: Für jede Nullstelle x_0 der 2. Ableitung den Funktionswert f'''(x_0) berechnen und das Ergebnis auswerten

f'''(x_0) ≠ 0: Wendepunkt

f'''(x_0) = 0: keine Aussage möglich

 $f(x) = x \cdot e^x$

Schritt 1:

$f'(x) = 1 \cdot e^x + x \cdot e^x = e^x(1+x)$

$f''(x) = e^x \cdot (1+x) + e^x \cdot 1 = e^x(2+x)$

$f'''(x) = e^x \cdot (2+x) + e^x \cdot 1 = e^x(3+x)$

Schritt 2:

$$f''(x) = 0$$
$$\Leftrightarrow \quad e^x(2+x) = 0$$
$$\Leftrightarrow \quad 2+x = 0 \qquad \text{da } e^x > 0 \text{ für alle } x \in \mathbb{R}$$
$$\Leftrightarrow \quad x = -2$$

Schritt 3:

$f'''(-2) = e^{-2}(3-2) = e^{-2} \neq 0$

Der Graph von f hat den Wendepunkt $W(-2 \mid f(-2)) = W(-2 \mid -2e^{-2})$.

Bemerkung: Ist der Graph von f vorgegeben und erkennbar, dass ein Wendepunkt existiert, so kann die genaue Lage der Wendestelle als Nullstelle der 2. Ableitung ermittelt werden. Der Schritt 3 ist dann nicht mehr erforderlich.

4.3 Gleichungen von Tangenten und Normalen

Eine Gerade durch einen Punkt P des Graphen einer Funktion f, die auf der Tangente in diesem Punkt senkrecht steht, heißt **Normale** des Graphen von f im Punkt P.

Zwei Geraden stehen genau dann senkrecht aufeinander, wenn das Produkt ihrer Steigungen den Wert –1 ergibt.

Gegeben ist die Funktion f mit $f(x) = e^{2x}$, $x \in \mathbb{R}$.
Bestimmen Sie die Gleichung der Tangente und die Gleichung der Normale im Punkt $P(1 \mid e^2)$ des Graphen von f.

Ableitung nach Kettenregel: $f'(x) = 2e^{2x}$

Tangentensteigung an der Stelle $x = 1$: $m_t = f'(1) = 2e^2$

Ansatz für die Tangentengleichung im Punkt $P(1 \mid e^2)$: $y = 2e^2 x + b$

Bestimmung des y-Achsenabschnittes b:

$P(1 \mid e^2)$ liegt auf der Tangente:

$e^2 = 2e^2 \cdot 1 + b \quad \Leftrightarrow \quad b = e^2 - 2e^2 = -e^2$

Gleichung der Tangente: $y = 2e^2 x - e^2$

Für die Steigung m_n der Normale im Punkt P folgt:

$m_n \cdot m_t = -1 \quad \Leftrightarrow \quad m_n = -\dfrac{1}{2e^2} = -\dfrac{1}{2} \cdot e^{-2}$

Ansatz für die Normalengleichung: $y = -\dfrac{1}{2} \cdot e^{-2} x + b$

Bestimmung des y-Achsenabschnittes b:

$P(1 \mid e^2)$ liegt auf der Normale:

$e^2 = -\dfrac{1}{2} \cdot e^{-2} \cdot 1 + b \quad \Leftrightarrow \quad b = e^2 + \dfrac{1}{2} \cdot e^{-2}$

Gleichung der Normale: $y = -\dfrac{1}{2} \cdot e^{-2} x + e^2 + \dfrac{1}{2} \cdot e^{-2}$

Bemerkung: Die Gleichung einer Gerade durch den Punkt $P(a \mid f(a))$ mit der Steigung m lässt sich auch beschreiben durch

$y = m(x - a) + f(a)$.

Für die Tangentengleichung im obigen Beispiel ergibt sich damit:

$y = 2e^2(x - 1) + e^2 = 2e^2 x - e^2$

4.4 Extremwertaufgaben

Bei Extremwertaufgaben werden die Voraussetzungen ermittelt, unter denen eine bestimmte Größe extrem, d. h. maximal oder minimal, wird. Meist wird zudem die Berechnung dieses größten bzw. kleinsten Wertes gefordert.

Vorgehensweise

Schritt 1: Größe, für die ein Extremwert berechnet werden soll, in Abhängigkeit der relevanten Variablen aufstellen ($\hat{=}$ Extremalbedingung).

Schritt 2: Im Aufgabentext nach Nebenbedingungen suchen und Zusammenhänge zwischen den enthaltenen Variablen herstellen, um die Extremalbedingung in Abhängigkeit von nur einer Variablen zu erhalten. (Falls die in Schritt 1 aufgestellte Funktion bereits von nur einer Variablen abhängig ist, wird keine Nebenbedingung benötigt und Schritt 2 kann ausgelassen werden.)

Schritt 3: Eine bezüglich der Fragestellung sinnvolle Definitionsmenge für die Extremalbedingung festlegen. Durch die Schritte 2 und 3 wird die Zielfunktion festgelegt.

Schritt 4: Mit den üblichen Mitteln das Maximum bzw. Minimum der Zielfunktion berechnen.

Schritt 5: Auf Randextrema überprüfen, indem das Maximum bzw. Minimum mit den Werten an den Rändern des Definitionsbereiches verglichen wird.

 Gegeben sind die Funktionen f und k mit $f(x) = 4x \cdot e^{-0,5x}$ und $k(x) = -4 \cdot e^{-0,5x}$.
Die Punkte $A(0\,|\,0)$, $B(t\,|\,k(t))$ und $C(t\,|\,f(t))$ sind die Eckpunkte eines Dreiecks. Bestimmen Sie $t \geq 0$ so, dass der Flächeninhalt des Dreiecks maximal wird (ohne hinreichende Bedingung).

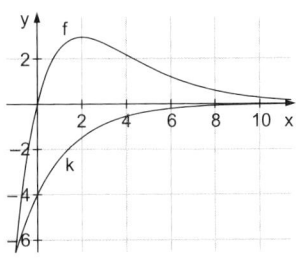

Schritt 1:
Der Flächeninhalt $A = \frac{1}{2} \cdot g \cdot h$ soll maximal werden (Extremalbedingung).

Schritt 2:
$h = t$
$g = f(t) - k(t)$
$A(t) = \frac{1}{2} \cdot (f(t) - k(t)) \cdot t = \frac{1}{2} \cdot (4te^{-0,5t} + 4e^{-0,5t}) \cdot t = 2e^{-0,5t}(t^2 + t)$

Schritt 3:

Für alle $t \geq 0$ ergeben sich sinnvolle Lösungen.

$\mathbb{D}$: $t \geq 0$ (siehe Vorgabe)

$\Rightarrow$ Zielfunktion $A(t) = 2e^{-0,5t}(t^2 + t)$; $t \geq 0$

Schritt 4:

Anwenden der Produkt- und Kettenregel:

$$A'(t) = 2 \cdot (-0,5) \cdot e^{-0,5t}(t^2 + t) + 2e^{-0,5t}(2t + 1)$$
$$= -e^{-0,5t}(t^2 + t - 4t - 2)$$
$$= -e^{-0,5t}(t^2 - 3t - 2)$$

Notwendige Bedingung für eine Extremstelle: $A'(t) = 0$

$$-e^{-0,5t}(t^2 - 3t - 2) = 0 \quad \big|: (-e^{-0,5t}) \neq 0$$
$$t^2 - 3t - 2 = 0$$

$t_1 = \frac{3}{2} + \frac{1}{2}\sqrt{17} \approx 3,56 \qquad t_2 = \frac{3}{2} - \frac{1}{2}\sqrt{17} \approx -0,56 \notin \mathbb{D}$

Schritt 5:

$A\left(\frac{3}{2} + \frac{1}{2}\sqrt{17}\right) \approx 5,48$

Randwerte:

$A(0) = 0$

$\lim\limits_{t \to +\infty} A(t) = 0$

Für $t = \frac{3}{2} + \frac{1}{2}\sqrt{17}$ wird der Flächeninhalt des Dreiecks maximal.

5 Kurvenanpassung

5.1 Bestimmen von ganzrationalen Funktionen mithilfe linearer Gleichungssysteme

Allgemein gilt: Ein lineares Gleichungssystem (LGS) kann genau eine Lösung, keine Lösung oder unendlich viele Lösungen haben. Um die Lösung eines LGS zu bestimmen, bringt man es durch Zeilenumformungen auf eine Dreiecksgestalt, sodass die Werte für die einzelnen Variablen nacheinander abgelesen werden können.

Lösungsschritte
Schritt 1: Ansatz für die allgemeine Funktionsgleichung von f formulieren.
Schritt 2: Die Ableitungen von f bestimmen.
Schritt 3: Bedingungsgleichungen aufstellen.
Schritt 4: LGS aufstellen und lösen.
Schritt 5: Prüfen, ob die hinreichenden Bedingungen für Extrema und Wendestellen erfüllt sind.

 Bestimmen Sie eine ganzrationale Funktion 4. Grades, deren Graph symmetrisch zur y-Achse verläuft, die Nullstelle x = 1 und den Hochpunkt P(2|3) hat.

Schritt 1:
Aufgrund der Achsensymmetrie treten bei x nur gerade Exponenten auf. Der Ansatz für die Funktionsgleichung lautet also:

$f(x) = ax^4 + bx^2 + c$

Schritt 2:

$f'(x) = 4ax^3 + 2bx$

Schritt 3:
Aus den Eigenschaften des Funktionsgraphen ergeben sich drei Gleichungen:

x = 1 ist Nullstelle: $\qquad f(1) = 0 \quad \Leftrightarrow \quad a + b + c = 0$
P(2|3) liegt auf dem Graphen: $\quad f(2) = 3 \quad \Leftrightarrow \quad 16a + 4b + c = 3$
P(2|3) ist Hochpunkt: $\qquad f'(2) = 0 \quad \Leftrightarrow \quad 32a + 4b = 0$

Schritt 4:

Zu lösen ist also das LGS:

$$a + b + c = 0$$
$$16a + 4b + c = 3$$
$$32a + 4b = 0$$

Umformung des LGS auf Dreiecksgestalt:

I	$a +$	$b +$	$c =$	0	
II	$16a +$	$4b +$	$c =$	3	
III	$32a +$	$4b$	$=$	0	

I	$a +$	$b +$	$c =$	0	
II'		$-12b -$	$15c =$	3	$(-16) \cdot \text{I} + \text{II}$
III'		$-4b -$	$2c =$	-6	$(-2) \cdot \text{II} + \text{III}$

I	$a +$	$b +$	$c =$	0	
II'		$-12b -$	$15c =$	3	
III''			$3c =$	-7	$\left(-\frac{1}{3}\right) \cdot \text{II'} + \text{III'}$

Daraus lässt sich schrittweise von unten nach oben die Lösung berechnen:

$$c = -\frac{7}{3}$$

$$-12b = 3 + 15c \quad \Leftrightarrow \quad b = \frac{8}{3}$$

$$a = -b - c = -\frac{1}{3}$$

$$\Rightarrow \quad f(x) = -\frac{1}{3} \cdot (x^4 - 8x^2 + 7)$$

Schritt 5:

Da $f'(2) = 0$ nur eine *notwendige* Bedingung für den Hochpunkt darstellt, muss noch überprüft werden, ob bei $x = 2$ tatsächlich ein Hochpunkt vorliegt, d. h., ob zusätzlich auch $f''(2) < 0$ ist.

$$f'(x) = -\frac{1}{3} \cdot (4x^3 - 16x)$$

$$f''(x) = -\frac{1}{3} \cdot (12x^2 - 16)$$

$$f''(2) = -\frac{32}{3} < 0$$

Der Graph von f hat also bei $x = 2$ tatsächlich einen Hochpunkt.

5.2 Trassierung (eA)

Wenn zwei Trassen (z. B. zwei Straßen oder Gleise) miteinander verbunden werden, so sollten die Übergänge möglichst „glatt" sein.

Sollen zwei Verkehrswege, deren Verläufe durch die Graphen der zwei Funktionen g und h gegeben sind, an den Stellen x_1 und x_2 durch eine Funktion f miteinander verbunden werden, so muss gelten:

$f(x_1) = g(x_1)$ und $f(x_2) = h(x_2)$ nahtlose Übergänge
$f'(x_1) = g'(x_1)$ und $f'(x_2) = h'(x_2)$ knickfreie Übergänge
$f''(x_1) = g''(x_1)$ und $f''(x_2) = h''(x_2)$ krümmungsruckfreie Übergänge

 Zwei parallele, geradlinige Straßenabschnitte sind in der Abbildung durch zwei Streckenzüge dargestellt. Sie sollen durch den Graphen einer ganzrationalen Funktion f so miteinander verbunden werden, dass sich an den Anschlussstellen keine Knicke ergeben.

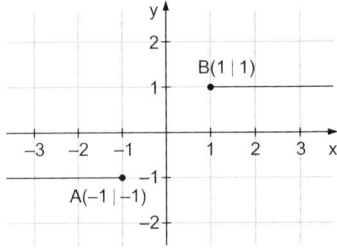

Da die Übergangskurve an die Streckenzüge anschließen soll, muss für die Funktion f gelten: $f(-1) = -1$ und $f(1) = 1$

Da der Graph von f in A und B knickfrei anschließen soll, muss er dort dieselbe Steigung haben wie die Straßenabschnitte:
$f'(-1) = 0$ und $f'(1) = 0$

Aufgrund der Lage der Straßenabschnitte bietet sich für die Übergangskurve eine ganzrationale Funktion 3. Grades an, deren Graph punktsymmetrisch zum Ursprung ist.

Ansatz: $f(x) = ax^3 + bx$, $f'(x) = 3ax^2 + b$

Relevant sind nur noch die beiden Bedingungen $f(1) = 1$ und $f'(1) = 0$, die beiden anderen sind dann wegen der Punktsymmetrie automatisch erfüllt. Diese Bedingungen führen auf das LGS:
$a + b = 1 \ \wedge \ 3a + b = 0$

Es hat die Lösung $a = -\frac{1}{2}$ und $b = \frac{3}{2}$. Somit erfüllt der Graph von f mit $f(x) = -\frac{1}{2}x^3 + \frac{3}{2}x$ die gestellten Anforderungen.

Übergangskurve ohne Krümmungsruck:
Neben $f(1)=1$ und $f'(1)=0$ muss zusätzlich $f''(1)=0$ gelten. Diese drei
Bedingungen führen auf eine ganzrationale Funktion 5. Grades, deren
Graph ebenfalls punktsymmetrisch zum Ursprung ist und deren Funktionsgleichung drei Formvariablen enthält:

$$f(x) = ax^5 + bx^3 + cx$$

$$f'(x) = 5ax^4 + 3bx^2 + c, \quad f''(x) = 20ax^3 + 6bx$$

Die drei Bedingungen führen auf das LGS:

$$\begin{aligned} a + \quad b + c &= 1 \\ 5a + 3b + c &= 0 \\ 20a + 6b \quad\;\; &= 0 \end{aligned}$$

Mit der Lösung:

$a = \frac{3}{8}$, $b = -\frac{5}{4}$ und $c = \frac{15}{8}$

Der Graph der Funktion f mit

$f(x) = \frac{1}{8} \cdot (3x^5 - 10x^3 + 15x)$

liefert somit einen nahtlosen,
knickfreien und krümmungs-
ruckfreien Übergang (s. Abb.).

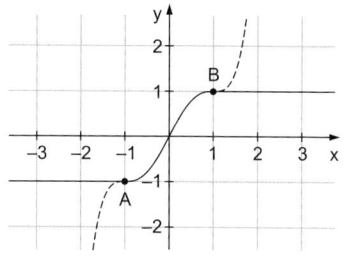

5.3 Stetigkeit und Differenzierbarkeit (eA)

Stetigkeit

Eine Funktion f mit der Definitionsmenge $\mathbb{D}_f$ heißt **stetig an der
Stelle x_0** ($x_0 \in \mathbb{D}_f$), falls der Grenzwert der Funktion für $x \to x_0$
existiert und mit dem Funktionswert $f(x_0)$ übereinstimmt, d. h., wenn gilt:

$$\lim_{x \to x_0} f(x) = f(x_0)$$

Eine Funktion heißt **stetig**, wenn sie an jeder Stelle ihrer Definitionsmenge stetig ist.

Anschauliche Vorstellung:
Eine Funktion ist stetig, wenn man ihren Graphen durchzeichnen
kann, ohne den Stift abzusetzen.

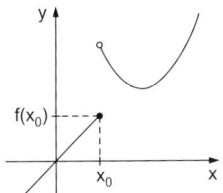

nicht stetig an der Stelle x_0

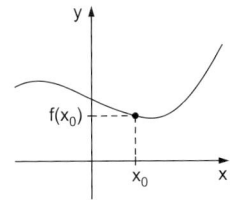

stetig an der Stelle x_0

Alle ganzrationalen Funktionen sind stetig in $\mathbb{R}$. Weitere Beispiele für Funktionen, die an jeder Stelle ihrer Definitionsmenge stetig sind:

$x \mapsto \sqrt{x}$, $x \mapsto \ln(x)$, $x \mapsto e^x$, $x \mapsto \frac{1}{x}$, $x \mapsto \sin(x)$, $x \mapsto \cos(x)$

1. Untersuchen Sie die Betragsfunktion $f: x \mapsto |x| = \begin{cases} x & \text{für } x \geq 0 \\ -x & \text{für } x < 0 \end{cases}$
   auf Stetigkeit an der Stelle $x_0 = 0$.

   Annäherung an $x_0 = 0$ von links ($x < 0$):
   $$\lim_{x \to 0^-} |x| = \lim_{x \to 0^-} (-x) = 0$$

   Annäherung an $x_0 = 0$ von rechts ($x > 0$):
   $$\lim_{x \to 0^+} |x| = \lim_{x \to 0^+} (x) = 0$$

   Der Grenzwert der Funktion für $x \to 0$
   existiert und stimmt mit $f(0) = 0$ überein. f ist also stetig an der Stelle $x_0 = 0$.

2. Zeigen Sie, dass f mit $f(x) = \begin{cases} 1{,}5x & \text{für } x \leq 2 \\ 0{,}5x & \text{für } x > 2 \end{cases}$ an der Stelle $x_0 = 2$ nicht stetig ist.

   $f(2) = 3$; $x < 2$: $\lim_{x \to 2^-} f(x) = 3$

   $x > 2$: $\lim_{x \to 2^+} f(x) = 1$

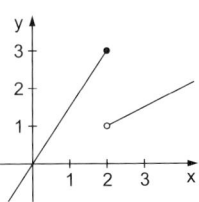

Da links- und rechtsseitiger Grenzwert nicht übereinstimmen, ist f bei $x_0 = 2$ nicht stetig. Der Graph von f hat an der Stelle 2 einen Sprung.

Differenzierbarkeit

Eine Funktion f heißt **differenzierbar an der Stelle x_0** ($x_0 \in \mathbb{D}_f$), falls der Grenzwert des Differenzenquotienten an dieser Stelle existiert und nicht unendlich ist. Eine Funktion heißt differenzierbar, wenn sie an jeder Stelle ihrer Definitionsmenge **differenzierbar** ist.

Anschauliche Vorstellung:
Eine Funktion ist differenzierbar, wenn man ihren Graphen – ohne den Stift abzusetzen – durchzeichnen kann und kein „Knick" auftritt.

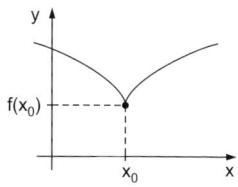

nicht differenzierbar bei x_0

1. Ist f an der Stelle x_0 differenzierbar, so ist f an dieser Stelle auch stetig.
2. Ist f an der Stelle x_0 unstetig, so ist f dort auch nicht differenzierbar.
3. Ganzrationale Funktionen sind überall stetig und differenzierbar.

Weitere Beispiele für Funktionen, die an jeder Stelle ihrer Definitionsmenge differenzierbar sind:

$x \mapsto \ln(x)$, $x \mapsto e^x$, $x \mapsto \frac{1}{x}$, $x \mapsto \sin(x)$, $x \mapsto \cos(x)$

 Zeigen Sie, dass die Betragsfunktion f mit $f(x) = |x|$ an der Stelle $x_0 = 0$ nicht differenzierbar ist.

$x < 0$: $\dfrac{f(x) - f(0)}{x - 0} = \dfrac{-x - 0}{x - 0} = -1$

$x > 0$: $\dfrac{f(x) - f(0)}{x - 0} = \dfrac{x - 0}{x - 0} = 1$

Da bei links- und rechtsseitiger Annäherung an $x_0 = 0$ der Differenzenquotient die Werte –1 und 1 annimmt, existiert kein gemeinsamer Grenzwert. Die Betragsfunktion ist daher an der Stelle 0 nicht differenzierbar.

6 Integralrechnung

6.1 Der Begriff des Integrals

Werden die Inhalte von Flächen oberhalb der x-Achse mit einem positiven und unterhalb der x-Achse mit einem negativen Vorzeichen versehen, so spricht man von einem **orientierten Flächeninhalt**.

Geometrische Definition des Integrals
Die Funktion f sei über einem Intervall [a; b] definiert. Die Summe der orientierten Flächeninhalte der Teilflächen zwischen dem Graphen von f, der x-Achse und den Parallelen zur y-Achse mit x = a und x = b nennt man das Integral der Funktion f von a bis b. Man schreibt:

$$\int_a^b f(x)\,dx$$

 1. Für die Abbildung gilt:

$$\int_a^b f(x)\,dx = -A_1 + A_2 - A_3 + A_4$$

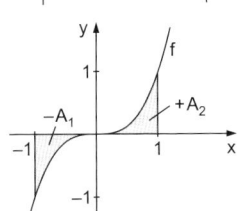

2. $f(x) = x^3$, $[a; b] = [-1; 1]$
   Der Graph von f ist punktsymmetrisch
   zum Ursprung, d. h. $A_1 = A_2$.

$$\int_{-1}^1 x^3\,dx = -A_1 + A_2 = -A_1 + A_1 = 0$$

Rekonstruierter Bestand

Gibt die Funktion f die Änderungs-, Zuwachs- oder Zerfallsrate einer Größe an, so lässt sich der Bestand bzw. die Gesamtänderung dieser Größe nach einem bestimmten Zeitintervall mithilfe des Integrals berechnen: $\int_a^b f(x)\,dx$ gibt den Bestand bzw. die Gesamtänderung der Größe im Zeitraum [a; b] an.

Gibt f(t) die momentane
Zufluss- bzw. Abflussrate
beim Befüllen bzw. Entlee-
ren eines Wassertanks im
Zeitintervall [0; 9] an, so

stellt das Integral $\int\limits_{0}^{9} f(t)\,dt$

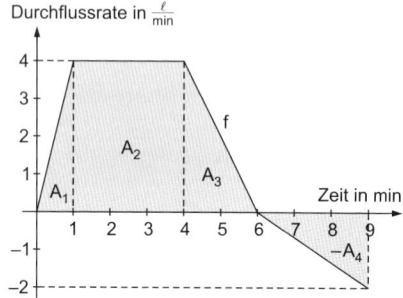

einen orientierten Flächeninhalt dar, der als Gesamt-
änderung des Wasservolumens im Zeitintervall [0; 9] gedeutet werden
kann. Der Flächeninhalt oberhalb (unterhalb) der t-Achse lässt sich als
zugeflossenes (abgeflossenes) Wasservolumen deuten. Eine Flächen-
einheit entspricht dabei einem Liter Wasser.

In der ersten Minute steigt der Zufluss gleichmäßig von 0 auf $4\,\frac{\ell}{\min}$
an. Die mittlere Zuflussrate beträgt $2\,\frac{\ell}{\min}$. In der ersten Minute kommen also $2\,\frac{\ell}{\min} \cdot 1\,\min = 2\,\ell$ dazu.

Im Intervall [1; 4] fließen $4\,\frac{\ell}{\min} \cdot 3\,\min = 12\,\ell$ und im Intervall [4; 6]
fließen $2\,\frac{\ell}{\min} \cdot 2\,\min = 4\,\ell$ Wasser dazu.

Im Intervall [6; 9] ist die Durchflussrate negativ; die Abflussrate steigt
gleichmäßig von 0 auf $2\,\frac{\ell}{\min}$. Es fließen $1\,\frac{\ell}{\min} \cdot 3\,\min = 3\,\ell$ ab.

Im Intervall [0; 9] beträgt die Gesamtänderung des Wasservolumens:

$$\int\limits_{0}^{9} f(t)\,dt = A_2 + A_2 + A_3 - A_4 = 2 + 12 + 4 - 3 = 15\,[\ell]$$

Bemerkung: War der Tank zu Beginn leer, so beträgt der Bestand nach
9 Minuten 15 Liter.

6.2 Stammfunktion

Eine Funktion F ist Stammfunktion der Funktion f, wenn gilt:
$F'(x) = f(x)$

 Die Abbildung auf der nächsten Seite zeigt den Graphen der Funktion
f und den Graphen einer Stammfunktion F von f.

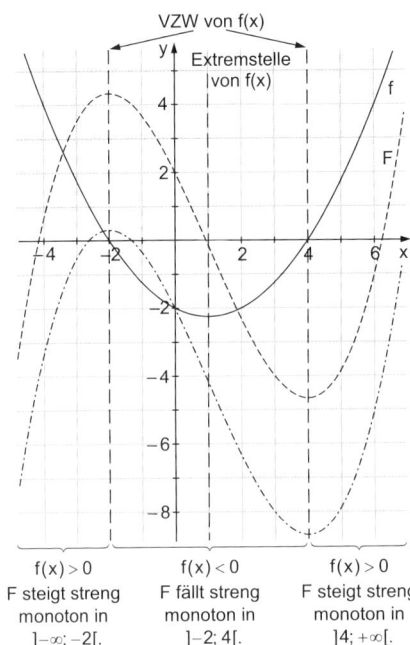

Es bestehen folgende Zusammenhänge:

- Vorzeichen von f
  $\Rightarrow$ Steigung von F
- Nullstellen von f mit VZW
  $\Rightarrow$ Extrema von F
- Extremstellen von f
  $\Rightarrow$ Wendestellen von F

$f(x) > 0$	$f(x) < 0$	$f(x) > 0$
F steigt streng monoton in $]-\infty; -2[$.	F fällt streng monoton in $]-2; 4[$.	F steigt streng monoton in $]4; +\infty[$.

Bemerkung: Eine Verschiebung des Graphen der Funktion F nach oben oder unten hat keinen Einfluss auf den Verlauf des Graphen der Funktion f (konstantes Glied fällt beim Ableiten weg). Es sind also unendlich viele Stammfunktionen möglich.

Ist F eine Stammfunktion von f, so ist auch jede Funktion G mit $G(x) = F(x) + c$ ($c \in \mathbb{R}$) eine Stammfunktion von f.

Stammfunktionen der Grundfunktionen

Es gelten folgende Regeln:

$f(x) = x^r$ mit $r \in \mathbb{R} \setminus \{-1\}$ $\Rightarrow$ $F(x) = \frac{1}{r+1} \cdot x^{r+1} + c$ (Potenzregel)

$f(x) = g(x) + h(x)$ $\Rightarrow$ $F(x) = G(x) + H(x) + c$ (Summenregel)

$f(x) = k \cdot g(x)$ mit $k \in \mathbb{R}$ $\Rightarrow$ $F(x) = k \cdot G(x) + c$ (Faktorregel)

Bestimmen Sie jeweils eine Stammfunktion der Funktion.

1. $f(x) = x^2$ $\Rightarrow$ $F(x) = \frac{1}{2+1} \cdot x^{2+1} = \frac{1}{3} \cdot x^3$

2. $f(x) = x^2 + 4 \cdot x^3$ $\Rightarrow$ $F(x) = \frac{1}{3} \cdot x^3 + \frac{4}{3+1} \cdot x^{3+1} = \frac{1}{3} \cdot x^3 + x^4$

3. $f(x) = \sqrt{x} = x^{\frac{1}{2}}$ $\Rightarrow$ $F(x) = \frac{1}{\frac{1}{2}+1} \cdot x^{\frac{1}{2}+1} = \frac{2}{3} \cdot x^{\frac{3}{2}}$

4. $f(x) = \frac{1}{x^2} = x^{-2}$ $\Rightarrow$ $F(x) = \frac{1}{-2+1} \cdot x^{-2+1} = -x^{-1} = -\frac{1}{x}$

Weitere Grundfunktionen:

$f(x) = k$ mit $k \in \mathbb{R}$ $\Rightarrow$ $F(x) = k \cdot x + c$

$f(x) = e^x$ $\Rightarrow$ $F(x) = e^x + c$

$f(x) = x^{-1} = \frac{1}{x}$ $\Rightarrow$ $F(x) = \ln(|x|) + c$

$f(x) = \ln(x)$ $\Rightarrow$ $F(x) = -x + x \cdot \ln(x) + c$

$f(x) = \sin(x)$ $\Rightarrow$ $F(x) = -\cos(x) + c$

$f(x) = \cos(x)$ $\Rightarrow$ $F(x) = \sin(x) + c$

6.3 Integralfunktion und Hauptsatz

Eine Funktion I_a mit der Gleichung $I_a(x) = \int_a^x f(t)\, dt$, der festen unteren Grenze $a \in \mathbb{D}_f$ und der variablen oberen Grenze x heißt Integralfunktion von f.

Eigenschaften der Integralfunktion

1. Die Integralfunktion I_a hat mindestens eine Nullstelle, nämlich bei $x = a$: $I_a(a) = 0$

2. Die Integralfunktionen I_a und I_b zur selben Integrandenfunktion f unterscheiden sich nur um eine Konstante c: $I_a(x) = I_b(x) + c$.

Hauptsatz der Differenzial- und Integralrechnung (Teil 1)

Ist die Funktion f stetig, so ist die Integralfunktion I_a differenzierbar und es gilt $I_a'(x) = f(x)$.

Mit anderen Worten: Jede Integralfunktion I_a ist eine Stammfunktion von f. Ist F eine beliebige Stammfunktion von f, so muss gelten: $I_a(x) = F(x) + c$. Die Konstante $c \in \mathbb{R}$ hängt von der unteren Grenze a ab. Aus $I_a(a) = 0$ folgt $c = -F(a)$.

Hauptsatz der Differenzial- und Integralrechnung (Teil 2)

Ist die Funktion f stetig und F eine beliebige Stammfunktion von f, so gilt für die Integralfunktion I_a:

$$I_a(x) = \int_a^x f(t)\,dt = F(x) - F(a)$$

Für den orientierten Flächeninhalt zwischen dem Graphen von f und der x-Achse über dem Intervall [a; b] gilt:

$$I_a(b) = \int_a^b f(t)\,dt = F(b) - F(a)$$

Bemerkung: Für $F(b) - F(a)$ schreibt man auch kurz $[F(x)]_a^b$.

Integrationsregeln

1. $\displaystyle\int_a^a f(x)\,dx = 0$

2. $\displaystyle\int_a^b f(x)\,dx = -\int_b^a f(x)\,dx$ (Vertauschung der Integrationsgrenzen)

3. $\displaystyle\int_a^b k \cdot f(x)\,dx = k \cdot \int_a^b f(x)\,dx;\ k \in \mathbb{R}$ (Faktorregel)

4. $\displaystyle\int_a^b \left(f(x) \pm g(x)\right)dx = \int_a^b f(x)\,dx \pm \int_a^b g(x)\,dx$ (Summenregel)

5. $\displaystyle\int_a^b f(x)\,dx = \int_a^c f(x)\,dx + \int_c^b f(x)\,dx;\ a < c < b$ (Intervalladditivität)

6.4 Flächenberechnung

Berechnung des Flächeninhalts zwischen Graph und x-Achse

Zur Berechnung des Inhalts der vom Graphen der Funktion f und der x-Achse im Intervall [a; b] eingeschlossenen Fläche muss in diesem Bereich über f(x) integriert werden. Dabei müssen die Teilflächen ober- und unterhalb der x-Achse getrennt betrachtet werden.

Vorgehensweise

Schritt 1: Nullstellen x_1, x_2, ..., x_n von f im Intervall [a; b] berechnen: $f(x) = 0$ mit $a < x < b$

Schritt 2: Inhalt A der Fläche zwischen dem Graphen von f und der x-Achse $\hat{=}$ Summe der Beträge der Einzelintegrale über f(x)

$$A = \left| \int_a^{x_1} f(x)\,dx \right| + \left| \int_{x_1}^{x_2} f(x)\,dx \right| + ... + \left| \int_{x_n}^{b} f(x)\,dx \right|$$

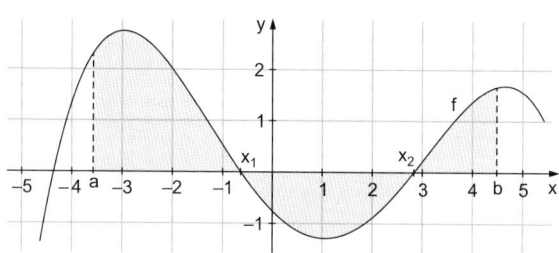

 Bestimmen Sie die Fläche, die von der x-Achse und dem Graphen der Funktion f mit $f(x) = x^3 - 2x^2$ im Intervall [–1; 3] eingeschlossen wird.

Schritt 1: Bestimmung der Nullstellen

$$x^3 - 2x^2 = 0$$
$$\Leftrightarrow \quad x^2(x - 2) = 0$$
$$\Leftrightarrow \quad x = 0 \text{ (doppelte Nullstelle) oder } x = 2$$

Schritt 2: Berechnung der Fläche

$$A = \left| \int_{-1}^{0} f(x)\, dx \right| + \left| \int_{0}^{2} f(x)\, dx \right| + \left| \int_{2}^{3} f(x)\, dx \right|$$

$$= \left| \left[\tfrac{1}{4}x^4 - \tfrac{2}{3}x^3 \right]_{-1}^{0} \right| + \left| \left[\tfrac{1}{4}x^4 - \tfrac{2}{3}x^3 \right]_{0}^{2} \right| + \left| \left[\tfrac{1}{4}x^4 - \tfrac{2}{3}x^3 \right]_{2}^{3} \right|$$

$$= \left| 0 - \left(\tfrac{1}{4} + \tfrac{2}{3} \right) \right| + \left| \left(4 - \tfrac{16}{3} \right) - 0 \right| + \left| \left(\tfrac{81}{4} - 18 \right) - \left(4 - \tfrac{16}{3} \right) \right|$$

$$= \tfrac{11}{12} + \tfrac{4}{3} + \tfrac{43}{12} = \tfrac{35}{6}\ [\text{FE}]$$

Berechnung des Flächeninhalts zwischen zwei Graphen

Zur Berechnung des Inhalts der von den Graphen zweier Funktionen f und g im Intervall [a; b] eingeschlossenen Fläche muss über die Differenz von $f(x)$ und $g(x)$ integriert werden. Dabei ist es egal, ob die eingeschlossene Fläche ober- bzw. unterhalb der x-Achse liegt, allerdings müssen hier die Teilflächen zwischen den Schnittstellen der beiden Graphen getrennt betrachtet werden.

Vorgehensweise

Schritt 1: Schnittstellen x_1, x_2, …, x_n der Graphen von f und g im Intervall [a; b] berechnen: $f(x) = g(x)$ mit $a < x < b$

Schritt 2: Inhalt A der Fläche zwischen den Graphen von f und g $\,\hat{=}\,$ Summe der Beträge der Einzelintegrale über die Differenzfunktion $d(x) = f(x) - g(x)$

$$A = \left| \int_{a}^{x_1} d(x)\, dx \right| + \left| \int_{x_1}^{x_2} d(x)\, dx \right| + \ldots + \left| \int_{x_n}^{b} d(x)\, dx \right|$$

Dabei spielt es keine Rolle, ob der Graph von f oberhalb des Graphen von g liegt oder umgekehrt.

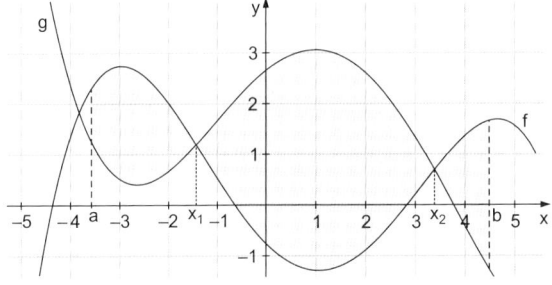

6.5 Volumenberechnung (eA)

Volumen von Rotationskörpern

Rotiert der Graph einer Funktion f über dem Intervall [a; b] um die x-Achse, so entsteht ein Rotationskörper mit folgendem Volumen:

$$V = \pi \cdot \int_a^b (f(x))^2 \, dx$$

Der Graph der Funktion $f(x) = x^{\frac{2}{3}}$, $x \in [0; 8]$ rotiert um die x-Achse. Berechnen Sie das Volumen des Rotationskörpers.

$$V = \pi \cdot \int_0^8 \left(x^{\frac{2}{3}}\right)^2 dx = \pi \cdot \int_0^8 x^{\frac{4}{3}} \, dx = \pi \cdot \left[\frac{3}{7} \cdot x^{\frac{7}{3}}\right]_0^8 = \pi \cdot \frac{3}{7} \cdot 128$$

$$\approx 172,3 \, [VE]$$

7 Wachstumsmodelle und Differenzialgleichungen

7.1 Exponentielles Wachstum

Bei exponentiellen Wachstumsprozessen ist die momentane Änderungsrate $f'(t)$ proportional zum aktuellen Bestand $f(t)$.

Differenzialgleichung: $\qquad f'(t) = k \cdot f(t)$

Bestandsfunktion (Lösung): $f(t) = f(0) \cdot e^{k \cdot t}$

$f(0)$: Anfangsbestand für $t = 0$

t: \quad Zeit

k: \quad Wachstumskonstante (Proportionalitätsfaktor)

$f(t)$: \quad Bestand nach der Zeit t

Ist $k > 0$, so spricht man von einer exponentiellen Zunahme. Ist $k < 0$, so beschreibt die Funktion f eine exponentielle Abnahme.

Exponentielle Zunahme: \hspace{2em} Exponentielle Abnahme:

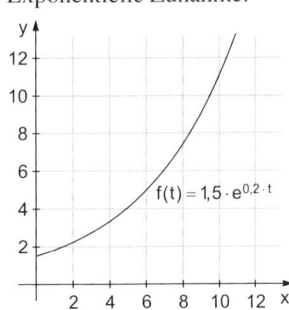
$f(t) = 1{,}5 \cdot e^{0{,}2 \cdot t}$

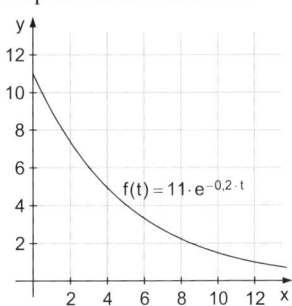
$f(t) = 11 \cdot e^{-0{,}2 \cdot t}$

Verdoppelungszeit bei exponentieller Zunahme ($k > 0$): $\quad t_V = \dfrac{\ln(2)}{k}$

Halbierungszeit bei exponentieller Abnahme ($k < 0$): $\quad t_H = -\dfrac{\ln(2)}{k}$

Eine Tomatenstaude hat zum Zeitpunkt des Auspflanzens eine Höhe von 8 cm. Nach 30 Tagen ist sie schon 14 cm hoch. Das Wachstum der Staude kann in den ersten zwei Monaten näherungsweise als exponentiell angesehen werden.

- Bestimmen Sie eine Gleichung, mit der die Staudenhöhe in Abhängigkeit von der Zeit beschrieben werden kann.

Anfangshöhe: $h(0) = 8$

$\Rightarrow$ Ansatz: $h(t) = 8 \cdot e^{k \cdot t}$ (h in cm, t in Tagen)

Bestimmung von k:

$$h(30) = 14 \quad \Leftrightarrow \quad 8 \cdot e^{k \cdot 30} = 14$$

$$\Leftrightarrow \quad e^{k \cdot 30} = \frac{14}{8} = \frac{7}{4} \qquad \Big| \ln$$

$$\Leftrightarrow \quad k \cdot 30 = \ln\left(\frac{7}{4}\right)$$

$$\Leftrightarrow \quad k = \frac{1}{30} \cdot \ln\left(\frac{7}{4}\right)$$

$$\Leftrightarrow \quad k \approx 0{,}0187$$

Die Wachstumsgleichung lautet: $h(t) = 8 \cdot e^{0,0187 \cdot t}$

- Bestimmen Sie die Gleichung für die Wachstumsgeschwindigkeit.

$h'(t) = k \cdot h(t) = 0{,}0187 \cdot 8 \cdot e^{0,0187 \cdot t}$

- Nach welcher Zeit hat sich die Höhe der Pflanze verdoppelt?

$t_V = \frac{\ln(2)}{0{,}0187} \approx 37{,}1$

Nach etwa 37 Tagen hat sich die Höhe der Pflanze verdoppelt.

7.2 Begrenztes Wachstum

Bei einem begrenzten Wachstumsprozess ist die momentane Änderungsrate $f'(t)$ proportional zur Differenz aus **Sättigungsgrenze S** und aktuellem Bestand $f(t)$.

Differenzialgleichung: $\qquad f'(t) = k \cdot (S - f(t))$

Bestandsfunktion (Lösung): $\quad f(t) = S + (f(0) - S) \cdot e^{-k \cdot t} \quad (k > 0)$

$f(0)$: Anfangsbestand für $t = 0$

t: Zeit

k: Wachstumskonstante (Proportionalitätsfaktor), $k > 0$

$f(t)$: Bestand nach der Zeit t

Ist $S > f(0)$, so spricht man von einer *begrenzten Zunahme*. Ist $S < f(0)$, so beschreibt f eine *begrenzte Abnahme*.

Der Bestand $f(t)$ nähert sich von unten bzw. von oben an die Sättigungsgrenze an. Dabei nimmt der Betrag der Differenz $S - f(t)$ jeweils exponentiell ab.

Begrenzte Zunahme:

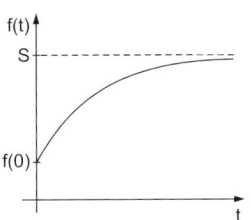

Begrenzte Abnahme:

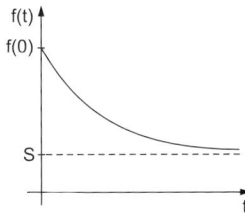

 Ein Glas Orangensaft wird aus dem Kühlschrank (4 °C) genommen und auf den Tisch gestellt. Die Raumtemperatur beträgt 21 °C. Der Saft erwärmt sich pro Minute um 14 % der noch vorhandenen Temperaturdifferenz zur Raumtemperatur. Bestimmen Sie eine Gleichung für die Erwärmungsgeschwindigkeit und eine Gleichung für den zeitlichen Verlauf der Temperaturänderung des Saftes.

Wachstumskonstante: $k = 0,14$

Anfangstemperatur: $T(0) = 4$

Erwärmungsgeschwindigkeit: $T'(t) = 0,14 \cdot (21 - T(t))$

Temperaturverlauf: $T(t) = 21 - 17 \cdot e^{-0,14 \cdot t}$

(T in °C, t in min)

7.3 Logistisches Wachstum (eA)

Beim logistischen Wachstum ist die momentane Änderungsrate $f'(t)$ proportional zum Produkt aus dem Bestand $f(t)$ und der Differenz aus Sättigungsgrenze S und $f(t)$.

Differenzialgleichung: $f'(t) = k \cdot f(t) \cdot (S - f(t))$

Bestandsfunktion (Lösung): $f(t) = \dfrac{S}{1 + \left(\frac{S}{f(0)} - 1\right) \cdot e^{-k \cdot S \cdot t}}$ $(k > 0)$

$f(0)$: Anfangsbestand für $t = 0$

t: Zeit

k: Wachstumskonstante (Proportionalitätsfaktor), $k > 0$

$f(t)$: Bestand nach der Zeit t

Ein logistischer Wachstumsprozess hat einen s-förmigen Verlauf. Zu Beginn ist das Wachstum annähernd exponentiell, später geht die Wachstumskurve in ein begrenztes Wachstum über. Für $t \to \infty$ strebt $e^{-k \cdot S \cdot t}$ gegen 0 und somit $f(t)$ gegen S.

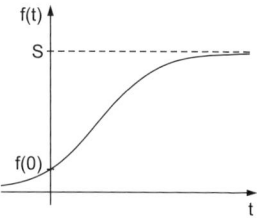

Je größer die Wachstumskonstante k, desto schneller nähert sich der Bestand $f(t)$ der Sättigungsgrenze S.

Die größte Wachstumsgeschwindigkeit $f'(t)$ liegt dann vor, wenn der Bestand $f(t)$ gerade die halbe Sättigungsgrenze erreicht hat. Dort liegt die Wendestelle t_W der logistischen Wachstumskurve.

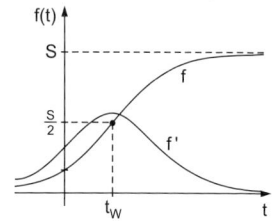

Es gilt: $t_W = \dfrac{\ln\left(\frac{S}{f(0)} - 1\right)}{k \cdot S}$

1. Momentane Änderungsrate: $f'(t) = 0{,}06 \cdot f(t) \cdot (100 - f(t))$. Zusätzlich gilt $f(0) = 5$. Bestimmen Sie die Gleichung für die Bestandsfunktion f.

$k = 0{,}06;\ S = 100 \quad \Rightarrow \quad f(t) = \dfrac{100}{1 + \left(\frac{100}{5} - 1\right) \cdot e^{-0{,}06 \cdot 100 \cdot t}} = \dfrac{100}{1 + 19 \cdot e^{-6 \cdot t}}$

2. Gegeben ist die Bestandsfunktion f mit $f(t) = \dfrac{168}{4 + 20 \cdot e^{-0{,}84 \cdot t}}$.

- Bestimmen Sie die Gleichung für die momentane Änderungsrate.

  Kürzen mit 4 liefert:

  $f(t) = \dfrac{42}{1 + 5 \cdot e^{-0{,}84 \cdot t}} \quad \Rightarrow \quad S = 42$

  Zudem gilt:

  $k \cdot S = k \cdot 42 = 0{,}84 \quad \Leftrightarrow \quad k = 0{,}02$

  Differenzialgleichung: $f'(t) = 0{,}02 \cdot f(t) \cdot (42 - f(t))$

- Wann ist $f'(t)$ am größten? Zeigen Sie, dass für dieses t der Bestand $f(t)$ tatsächlich die halbe Sättigungsgrenze erreicht hat.

  Zeitpunkt mit größter Wachstumsrate: $t_W = \dfrac{\ln(5)}{0{,}84} \approx 1{,}92$

  $f(t_W) = \dfrac{42}{1 + 5 \cdot e^{-0{,}84 \cdot \frac{\ln(5)}{0{,}84}}} = \dfrac{42}{1 + 5 \cdot e^{-\ln(5)}} = \dfrac{1}{2} \cdot 42 = \dfrac{1}{2} \cdot S$

Geometrie

1 Punkte im Koordinatensystem

1.1 Punkte im Raum

Für die Darstellung räumlicher Objekte legt man ein kartesisches x_1-x_2-x_3-Koordinatensystem zugrunde. Dabei stehen die drei Achsen paarweise aufeinander senkrecht. Das räumliche Koordinatensystem wird als Schrägbild dargestellt: Die x_2-x_3-Ebene liegt in der Zeichenebene und die positive Richtung der x_1-Achse tritt aus der Zeichenebene nach vorne heraus. Eine Zeichnung auf kariertem Papier unterstützt den räumlichen Eindruck. Üblich sind folgende Darstellungen:

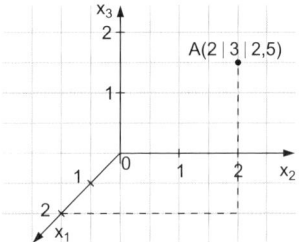 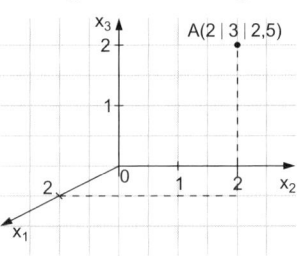

Zum Einzeichnen des Punktes $A(2\,|\,3\,|\,2{,}5)$ geht man vom Ursprung aus 2 Einheiten nach vorne, dann 3 Einheiten nach rechts und anschließend 2,5 Einheiten nach oben.

1.2 Abstand von zwei Punkten

Der Abstand $d(A; B)$ zweier Punkte $A(a_1\,|\,a_2\,|\,a_3)$ und $B(b_1\,|\,b_2\,|\,b_3)$ im Raum berechnet sich nach folgender Formel:

$$d(A; B) = \sqrt{(b_1 - a_1)^2 + (b_2 - a_2)^2 + (b_3 - a_3)^2}$$

 Berechnen Sie den Abstand der Punkte $A(4\,|-8\,|-4)$ und $B(-4\,|\,0\,|\,10)$.

$$d(A; B) = \sqrt{(-4 - 4)^2 + (0 - (-8))^2 + (10 - (-4))^2} = \sqrt{324} = 18\,[\text{LE}]$$

2   Vektoren

Ein Vektor $\vec{u}$ ist durch seine Länge und
seine Richtung festgelegt und kann an-
schaulich als Pfeil dargestellt werden.
Den Pfeil, der von A nach B verläuft,
nennt man auch Verbindungsvektor;
Bezeichnung: $\overrightarrow{AB}$
Einen Vektor, der den Ursprung mit einem
Punkt A verbindet, nennt man Ortsvektor
des Punktes A; Bezeichnung: $\vec{a}$ oder $\overrightarrow{OA}$

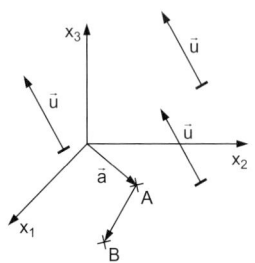

2.1 Rechnen mit Vektoren

Addition und Subtraktion
Zwei Vektoren $\vec{a}$ und $\vec{b}$ werden addiert bzw. subtrahiert, indem die
einzelnen Koordinaten der Vektoren addiert bzw. subtrahiert werden:

$$\vec{a} + \vec{b} = \begin{pmatrix} a_1 \\ a_2 \\ a_3 \end{pmatrix} + \begin{pmatrix} b_1 \\ b_2 \\ b_3 \end{pmatrix} = \begin{pmatrix} a_1 + b_1 \\ a_2 + b_2 \\ a_3 + b_3 \end{pmatrix} \quad \text{bzw.} \quad \vec{a} - \vec{b} = \begin{pmatrix} a_1 \\ a_2 \\ a_3 \end{pmatrix} - \begin{pmatrix} b_1 \\ b_2 \\ b_3 \end{pmatrix} = \begin{pmatrix} a_1 - b_1 \\ a_2 - b_2 \\ a_3 - b_3 \end{pmatrix}$$

Skalare Multiplikation
Ein Vektor $\vec{a}$ wird mit einem Skalar $r \in \mathbb{R}$ multipliziert, indem jede
Koordinate von $\vec{a}$ mit r multipliziert wird:

$$r \cdot \vec{a} = r \cdot \begin{pmatrix} a_1 \\ a_2 \\ a_3 \end{pmatrix} = \begin{pmatrix} r \cdot a_1 \\ r \cdot a_2 \\ r \cdot a_3 \end{pmatrix}$$

Spezialfall: $-1 \cdot \vec{a} = -\vec{a}$ Gegenvektor von $\vec{a}$

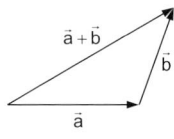

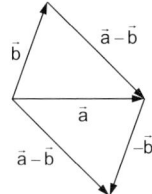

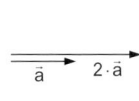

Rechengesetze für Vektoren

Addition von Vektoren:
$\vec{a} + \vec{b} = \vec{b} + \vec{a}$ (Kommutativgesetz)
$\vec{a} + (\vec{b} + \vec{c}) = (\vec{a} + \vec{b}) + \vec{c}$ (Assoziativgesetz)

Skalare Multiplikation:
$r \cdot (s \cdot \vec{a}) = (r \cdot s) \cdot \vec{a}$ (Assoziativgesetz)

$r \cdot (\vec{a} + \vec{b}) = r \cdot \vec{a} + r \cdot \vec{b};$
$(r + s) \cdot \vec{a} = r \cdot \vec{a} + s \cdot \vec{a}$ (Distributivgesetze)

 Gegeben sind die Punkte A(2|−1|3), B(4|−2|0) und C(0|0|0). Bestimmen Sie die Koordinaten eines Punktes D so, dass das Viereck ABCD ein Parallelogramm ist.

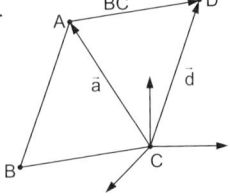

Ansatz für den Ortsvektor $\vec{d}$ des Punktes D:

$$\vec{d} = \vec{a} + \overrightarrow{BC} = \vec{a} + (-\vec{b}) = \begin{pmatrix} 2 \\ -1 \\ 3 \end{pmatrix} + \begin{pmatrix} -4 \\ 2 \\ 0 \end{pmatrix} = \begin{pmatrix} -2 \\ 1 \\ 3 \end{pmatrix}$$

D(−2|1|3) ist der gesuchte Punkt.

Verbindungsvektor $\overrightarrow{AB}$

Für den Verbindungsvektor $\overrightarrow{AB}$ der beiden Punkte A und B gilt:
$\overrightarrow{AB} = \overrightarrow{OB} - \overrightarrow{OA} = \vec{b} - \vec{a}$

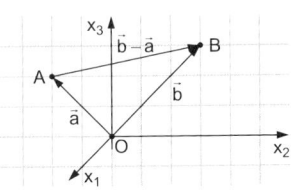

Mittelpunkt M einer Strecke

Der Ortsvektor $\vec{m}$ des Mittelpunktes M der Strecke $\overline{AB}$ lässt sich folgendermaßen berechnen:

$\vec{m} = \vec{a} + \frac{1}{2} \cdot \overrightarrow{AB}$

$\quad = \vec{a} + \frac{1}{2} \cdot (\vec{b} - \vec{a})$

$\quad = \frac{1}{2} \cdot (\vec{a} + \vec{b})$

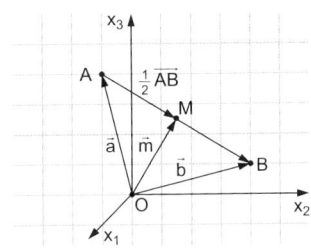

Länge eines Vektors

Für die Länge (den Betrag) $|\vec{u}|$ des

Vektors $\vec{u} = \begin{pmatrix} u_1 \\ u_2 \\ u_3 \end{pmatrix}$ gilt:

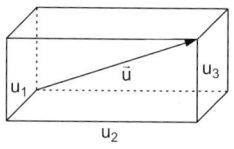

$$|\vec{u}| = \sqrt{u_1^2 + u_2^2 + u_3^2}$$

Die Länge des Vektors $\overrightarrow{AB}$ ist gleich dem Abstand der Punkte A und B.

 Einem Würfel der Kantenlänge 8 [LE] ist ein Oktaeder einbeschrieben. Die Eckpunkte des Oktaeders liegen in den Mittelpunkten der Würfelflächen.

- Bestimmen Sie die Koordinaten der Eckpunkte A, B, C, D, E und F.

  A(4|8|4), B(0|4|4), C(4|0|4),
  D(8|4|4), E(4|4|8), F(4|4|0)

- Geben Sie die Vektoren $\overrightarrow{AB}$ und $\overrightarrow{BC}$ an. Berechnen Sie ihre Längen.

$$\overrightarrow{AB} = \overrightarrow{OB} - \overrightarrow{OA} = \begin{pmatrix} 0 \\ 4 \\ 4 \end{pmatrix} - \begin{pmatrix} 4 \\ 8 \\ 4 \end{pmatrix} = \begin{pmatrix} -4 \\ -4 \\ 0 \end{pmatrix}$$

$$\overrightarrow{BC} = \overrightarrow{OC} - \overrightarrow{OB} = \begin{pmatrix} 4 \\ 0 \\ 4 \end{pmatrix} - \begin{pmatrix} 0 \\ 4 \\ 4 \end{pmatrix} = \begin{pmatrix} 4 \\ -4 \\ 0 \end{pmatrix}$$

$$|\overrightarrow{AB}| = \sqrt{(-4)^2 + (-4)^2 + 0^2} = \sqrt{32} = 4 \cdot \sqrt{2} \approx 5,66\,[LE]$$

$$|\overrightarrow{BC}| = \sqrt{4^2 + (-4)^2 + 0^2} = \sqrt{32} = 4 \cdot \sqrt{2} \approx 5,66\,[LE]$$

- Berechnen Sie die Koordinaten des Mittelpunktes M der Strecke $\overline{BC}$.

$$\vec{m} = \tfrac{1}{2} \cdot (\vec{b} + \vec{c}) = \tfrac{1}{2} \cdot \left(\begin{pmatrix} 0 \\ 4 \\ 4 \end{pmatrix} + \begin{pmatrix} 4 \\ 0 \\ 4 \end{pmatrix} \right) = \begin{pmatrix} 2 \\ 2 \\ 4 \end{pmatrix} \implies M(2|2|4)$$

2.2 Linearkombination

Sind mehrere Vektoren $\vec{a}_1, \vec{a}_2, ..., \vec{a}_n$ gegeben, so nennt man die Summe $r_1 \cdot \vec{a}_1 + r_2 \cdot \vec{a}_2 + ... + r_n \cdot \vec{a}_n$, $r_i \in \mathbb{R}$, $i \in \{1; 2; ...; n\}$ Linearkombination der Vektoren $\vec{a}_1, \vec{a}_2, ..., \vec{a}_n$.

2.3 Lineare (Un-)Abhängigkeit von Vektoren

Die Vektoren $\vec{a}_1, ..., \vec{a}_n$ sind voneinander linear abhängig, wenn sich mindestens einer dieser Vektoren als Linearkombination der anderen schreiben lässt. Andernfalls heißen die Vektoren linear unabhängig.

Zwei Vektoren $\vec{a}$ und $\vec{b}$ sind
- linear abhängig, wenn $\vec{a}$ ein skalares Vielfaches von $\vec{b}$ ist bzw. $\vec{a}$ und $\vec{b}$ parallel sind, d. h.:
  $\vec{a} = k \cdot \vec{b}$ für ein $k \in \mathbb{R}$ bzw. $\vec{a} \parallel \vec{b}$
- linear unabhängig, wenn
  $\vec{a} \neq k \cdot \vec{b}$ für alle $k \in \mathbb{R}$ bzw. $\vec{a} \nparallel \vec{b}$.

Zwei linear abhängige Vektoren bezeichnet man als kollinear.

Drei Vektoren $\vec{a}, \vec{b}$ und $\vec{c}$ sind
- linear abhängig, wenn sie alle in einer Ebene liegen.
- linear unabhängig, wenn sie den Raum $\mathbb{R}^3$ aufspannen.

Drei linear abhängige Vektoren bezeichnet man als komplanar.

2.4 Skalarprodukt

Das Skalarprodukt $\vec{a} \circ \vec{b}$ zweier Vektoren $\vec{a}$ und $\vec{b}$ ist eine Zahl und wird folgendermaßen berechnet:

$$\vec{a} \circ \vec{b} = \begin{pmatrix} a_1 \\ a_2 \\ a_3 \end{pmatrix} \circ \begin{pmatrix} b_1 \\ b_2 \\ b_3 \end{pmatrix} = a_1 b_1 + a_2 b_2 + a_3 b_3$$

Anwendungen des Skalarprodukts:
- Überprüfung, ob zwei Vektoren $\vec{a}$ und $\vec{b}$ orthogonal zueinander sind:
  $\vec{a} \perp \vec{b} \quad \Leftrightarrow \quad \vec{a} \circ \vec{b} = 0 \quad (\vec{a} \neq \vec{o}, \vec{b} \neq \vec{o})$
- Berechnung des Winkels γ zwischen zwei Vektoren $\vec{a}$ und $\vec{b}$:
  $$\cos \gamma = \frac{\vec{a} \circ \vec{b}}{|\vec{a}| \cdot |\vec{b}|} \quad (\vec{a} \neq \vec{o}, \vec{b} \neq \vec{o})$$

• Geometrische Deutung des Skalarprodukts:

$$\vec{a} \circ \vec{b} = |\vec{a}| \cdot |\vec{b}| \cdot \cos\gamma$$

Der Term $|\vec{b}| \cdot \cos\gamma$ lässt sich geometrisch deuten als Länge der Projektion des Vektors $\vec{b}$ auf den Vektor $\vec{a}$.

Das Skalarprodukt zweier Vektoren ist also das Produkt aus der Länge des ersten Vektors und der Länge der Projektion des zweiten Vektors auf den ersten.

Spezialfall:

$$\vec{a} \circ \vec{a} = |\vec{a}|^2 \cdot \cos 0° = |\vec{a}|^2 \quad \text{bzw.} \quad |\vec{a}| = \sqrt{\vec{a} \circ \vec{a}} = \sqrt{a_1^2 + a_2^2 + a_3^2}$$

 1. Berechnen Sie den Winkel zwischen den Vektoren $\vec{a} = \begin{pmatrix} 2 \\ -4 \\ 4 \end{pmatrix}$ und $\vec{b} = \begin{pmatrix} 5 \\ 3 \\ -1 \end{pmatrix}$.

Länge der Vektoren:

$$|\vec{a}| = \sqrt{2^2 + (-4)^2 + 4^2} = \sqrt{36} = 6 \qquad |\vec{b}| = \sqrt{5^2 + 3^2 + (-1)^2} = \sqrt{35}$$

Skalarprodukt:

$$\vec{a} \circ \vec{b} = \begin{pmatrix} 2 \\ -4 \\ 4 \end{pmatrix} \circ \begin{pmatrix} 5 \\ 3 \\ -1 \end{pmatrix} = 2 \cdot 5 + (-4) \cdot 3 + 4 \cdot (-1) = -6 \neq 0 \quad \Rightarrow \quad \vec{a} \not\perp \vec{b}$$

Winkel:

$$\cos\gamma = \frac{-6}{6 \cdot \sqrt{35}} = -\frac{1}{\sqrt{35}} \quad \Rightarrow \quad \gamma = \cos^{-1}\left(-\frac{1}{\sqrt{35}}\right) \approx 99{,}73°$$

2. Gegeben ist das Dreieck ABC mit A(10|8|0), B(6|11|1) und C(2|8|k). Wie muss $k \in \mathbb{R}$ gewählt werden, damit das Dreieck bei A einen rechten Winkel hat?

$$\overrightarrow{AB} = \begin{pmatrix} -4 \\ 3 \\ 1 \end{pmatrix}; \quad \overrightarrow{BC} = \begin{pmatrix} -4 \\ -3 \\ k-1 \end{pmatrix}; \quad \overrightarrow{CA} = \begin{pmatrix} 8 \\ 0 \\ -k \end{pmatrix}$$

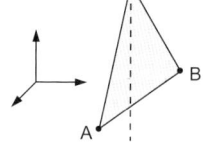

Der rechte Winkel liegt bei A, wenn gilt:

$$\overrightarrow{AB} \circ \overrightarrow{CA} = 0 \quad \Leftrightarrow \quad \begin{pmatrix} -4 \\ 3 \\ 1 \end{pmatrix} \circ \begin{pmatrix} 8 \\ 0 \\ -k \end{pmatrix} = -32 - k = 0$$

$$\Leftrightarrow \quad k = -32$$

Für $k = -32$ gibt es einen rechten Winkel bei A.

3 Geraden und Ebenen

3.1 Geraden im Raum

Eine Gerade kann beschrieben werden durch eine Gleichung der Form:
g: $\vec{x} = \vec{a} + r \cdot \vec{u}$; $r \in \mathbb{R}$ (Parameterform)
Dabei heißen A Stützpunkt ($\vec{a}$ Stützvektor der Geraden) und $\vec{u}$ Richtungsvektor der Geraden.

Eine Gerade g wird eindeutig bestimmt durch:
- einen Punkt A und einen Vektor $\vec{u}$:
  g: $\vec{x} = \vec{a} + r \cdot \vec{u}$; $r \in \mathbb{R}$
  (Punkt-Richtungsform der Geraden-
  gleichung)

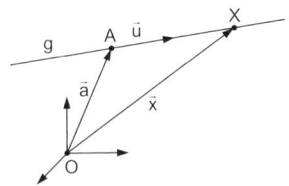

- zwei Punkte A und B:
  g: $\vec{x} = \vec{a} + r \cdot \overrightarrow{AB}$; $r \in \mathbb{R}$
  (Zweipunkteform der Geraden-
  gleichung)

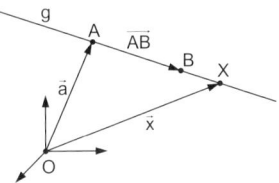

Durchläuft der Parameter r alle reellen Zahlen, so durchläuft X alle Punkte der Geraden g.
Der Parameterwert $r = 0$ führt beispielsweise auf den Punkt $X = A$ und zu $r = 1$ gehört der Endpunkt des Richtungsvektors $\vec{u}$ bzw. der Endpunkt des Richtungsvektors $\overrightarrow{AB}$. Für $0 \leq r \leq 1$ liegt X auf der Strecke $\overline{AB}$ und für $r < 0$ auf der anderen Seite von A wie Punkt B.

 Die Gerade g sei durch die Punkte A(-1|6|2) und B(5|0|5) festgelegt. Untersuchen Sie, ob der Punkt P(6|-1|$5{,}5$) auf der Geraden g liegt.

Aufstellen der Geradengleichung:

g: $\vec{x} = \vec{a} + r \cdot \overrightarrow{AB}$; $r \in \mathbb{R}$

g: $\vec{x} = \begin{pmatrix} -1 \\ 6 \\ 2 \end{pmatrix} + r \cdot \left[\begin{pmatrix} 5 \\ 0 \\ 5 \end{pmatrix} - \begin{pmatrix} -1 \\ 6 \\ 2 \end{pmatrix} \right] = \begin{pmatrix} -1 \\ 6 \\ 2 \end{pmatrix} + r \cdot \begin{pmatrix} 6 \\ -6 \\ 3 \end{pmatrix}$; $r \in \mathbb{R}$

Ortsvektor von P in die Gleichung von g einsetzen (Punktprobe):

$$\begin{pmatrix} 6 \\ -1 \\ 5,5 \end{pmatrix} = \begin{pmatrix} -1 \\ 6 \\ 2 \end{pmatrix} + r \cdot \begin{pmatrix} 6 \\ -6 \\ 3 \end{pmatrix} \Rightarrow \begin{cases} 6 = -1 + 6r & \Leftrightarrow \quad 7 = 6r & \Leftrightarrow \quad r = \frac{7}{6} \\ -1 = 6 - 6r & \Leftrightarrow \quad -7 = -6r & \Leftrightarrow \quad r = \frac{7}{6} \\ 5,5 = 2 + 3r & \Leftrightarrow \quad 3,5 = 3r & \Leftrightarrow \quad r = \frac{7}{6} \end{cases}$$

Da es einen Parameter r gibt, der die Vektorgleichung erfüllt, liegt P somit auf g (wegen r > 1 liegt P nicht auf $\overline{AB}$).

3.2 Lagebeziehungen zwischen Geraden

Für die gegenseitige Lage zweier Geraden
g: $\vec{x} = \vec{a} + r \cdot \vec{u}$; $r \in \mathbb{R}$ und   h: $\vec{x} = \vec{b} + s \cdot \vec{v}$; $s \in \mathbb{R}$
gibt es vier verschiedene Möglichkeiten:
- g und h schneiden sich in einem Punkt.
- g und h verlaufen (echt) parallel.
- g und h sind identisch.
- g und h verlaufen windschief zueinander.

Schema zur rechnerischen Untersuchung dieser Lagebeziehungen:

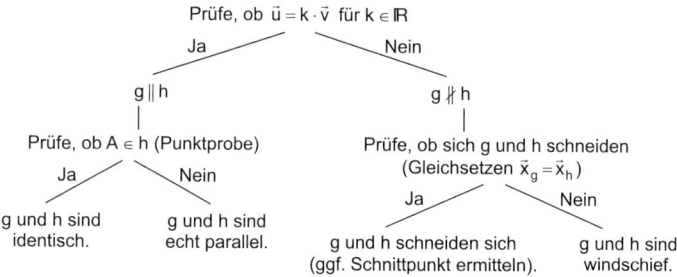

 Untersuchen Sie die Lagebeziehung der beiden Geraden

g: $\vec{x} = \begin{pmatrix} 2 \\ 1 \\ 5 \end{pmatrix} + r \cdot \begin{pmatrix} 1 \\ -2 \\ 1 \end{pmatrix}$; $r \in \mathbb{R}$ und   h: $\vec{x} = \begin{pmatrix} -8 \\ 1 \\ 3 \end{pmatrix} + s \cdot \begin{pmatrix} 3 \\ 4 \\ -1 \end{pmatrix}$; $s \in \mathbb{R}$

und bestimmen Sie gegebenenfalls den Schnittpunkt S.

Schritt 1: Prüfen, ob die beiden Geraden parallel sind, also ob
$\vec{u} = k \cdot \vec{v}$ für ein $k \in \mathbb{R}$

$$\begin{pmatrix} 1 \\ -2 \\ 1 \end{pmatrix} = k \cdot \begin{pmatrix} 3 \\ 4 \\ -1 \end{pmatrix} \Rightarrow \left. \begin{cases} 1 = 3k \Rightarrow k = \frac{1}{3} \\ -2 = 4k \Rightarrow k = -\frac{1}{2} \\ 1 = -k \Rightarrow k = -1 \end{cases} \right\} \text{ Widerspruch}$$

$\Rightarrow \quad g \nparallel h \quad$ (g und h sind nicht parallel.)

Schritt 2: Prüfen, ob g und h einen Schnittpunkt besitzen
(g und h gleichsetzen und das LGS auf Lösbarkeit untersuchen)

$$\vec{x}_g = \vec{x}_h \quad \Leftrightarrow \quad \begin{pmatrix} 2 \\ 1 \\ 5 \end{pmatrix} + r \cdot \begin{pmatrix} 1 \\ -2 \\ 1 \end{pmatrix} = \begin{pmatrix} -8 \\ 1 \\ 3 \end{pmatrix} + s \cdot \begin{pmatrix} 3 \\ 4 \\ -1 \end{pmatrix}$$

$$\Rightarrow \quad \begin{cases} \text{I} & 2 + r = -8 + 3s \Rightarrow r = -10 + 3s \quad (*) \\ \text{II} & 1 - 2r = 1 + 4s \\ \text{III} & 5 + r = 3 - s \end{cases}$$

$(*)$ in III: $\quad 5 - 10 + 3s = 3 - s \Rightarrow 4s = 8 \Rightarrow s = 2$
$s = 2$ in $(*)$: $\quad r = -10 + 6 = -4$
Beides in II: $\quad 1 - 2 \cdot (-4) = 1 + 4 \cdot 2 \quad \Leftrightarrow \quad 9 = 9 \quad$ wahre Aussage

$\Rightarrow \quad$ g und h schneiden sich.

Schritt 3: Berechnen der Koordinaten des Schnittpunktes S
Einsetzen von $r = -4$ in die Gleichung von g (oder $s = 2$ in h):

$$\vec{s} = \begin{pmatrix} 2 \\ 1 \\ 5 \end{pmatrix} - 4 \cdot \begin{pmatrix} 1 \\ -2 \\ 1 \end{pmatrix} = \begin{pmatrix} -2 \\ 9 \\ 1 \end{pmatrix} \quad \Rightarrow \quad S(-2|9|1)$$

3.3 Parameterform der Ebenengleichung

Eine Ebene kann beschrieben werden durch eine Gleichung der Form
E: $\vec{x} = \vec{a} + r \cdot \vec{u} + s \cdot \vec{v}$ (Parameterform der Ebenengleichung), wobei $\vec{u}$
und $\vec{v}$ nicht parallel, also linear unabhängig sind. Dabei heißen A Stütz-
punkt ($\vec{a}$ Stützvektor der Ebene), $\vec{u}$ und $\vec{v}$ Richtungsvektoren der Ebene.

Eine Ebene E wird eindeutig bestimmt durch:
- drei Punkte A, B und C, die nicht auf
  einer Geraden liegen:

  E: $\vec{x} = \vec{a} + r \cdot \overrightarrow{AB} + s \cdot \overrightarrow{AC}$; $r, s \in \mathbb{R}$

  (Dreipunkteform der Ebenengleichung)

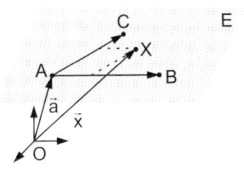

- einen Punkt A und zwei linear
  unabhängige Vektoren ū und v̄:
  E: $\vec{x} = \vec{a} + r \cdot \vec{u} + s \cdot \vec{v}$; $r, s \in \mathbb{R}$

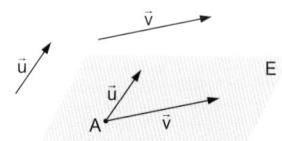

- eine Gerade g: $\vec{x} = \vec{a} + r \cdot \vec{u}$ und
  einen Punkt B ∉ g:
  E: $\vec{x} = \vec{a} + r \cdot \vec{u} + s \cdot \overrightarrow{AB}$; $r, s \in \mathbb{R}$

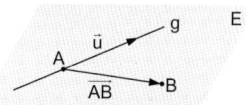

- zwei sich schneidende Geraden
  g: $\vec{x} = \vec{a} + r \cdot \vec{u}$ und h: $\vec{x} = \vec{b} + s \cdot \vec{v}$:
  E: $\vec{x} = \vec{a} + r \cdot \vec{u} + s \cdot \vec{v}$; $r, s \in \mathbb{R}$

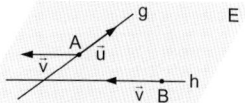

- zwei echt parallele Geraden
  g: $\vec{x} = \vec{a} + r \cdot \vec{u}$ und h: $\vec{x} = \vec{b} + s \cdot \vec{v}$:
  E: $\vec{x} = \vec{a} + r \cdot \vec{u} + s \cdot \overrightarrow{AB}$; $r, s \in \mathbb{R}$

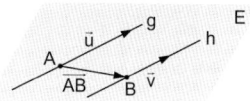

Einem Quader mit der Breite und Höhe
von 6 [LE] und der Länge von 8 [LE]
ist ein Dreieck ABC einbeschrieben.
Bestimmen Sie eine Ebenengleichung
der Ebene, in der das Dreieck liegt.

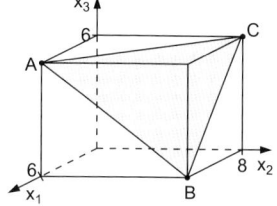

Eckpunkte:
A(6 | 0 | 6), B(6 | 8 | 0), C(0 | 8 | 6)

Stützvektor: $\overrightarrow{OA} = \vec{a} = \begin{pmatrix} 6 \\ 0 \\ 6 \end{pmatrix}$

Richtungsvektoren: $\overrightarrow{AB} = \overrightarrow{OB} - \overrightarrow{OA} = \begin{pmatrix} 6 \\ 8 \\ 0 \end{pmatrix} - \begin{pmatrix} 6 \\ 0 \\ 6 \end{pmatrix} = \begin{pmatrix} 0 \\ 8 \\ -6 \end{pmatrix}$

$\overrightarrow{AC} = \overrightarrow{OC} - \overrightarrow{OA} = \begin{pmatrix} 0 \\ 8 \\ 6 \end{pmatrix} - \begin{pmatrix} 6 \\ 0 \\ 6 \end{pmatrix} = \begin{pmatrix} -6 \\ 8 \\ 0 \end{pmatrix}$

Ebenengleichung: E: $\vec{x} = \begin{pmatrix} 6 \\ 0 \\ 6 \end{pmatrix} + r \cdot \begin{pmatrix} 0 \\ 8 \\ -6 \end{pmatrix} + s \cdot \begin{pmatrix} -6 \\ 8 \\ 0 \end{pmatrix}$; $r, s \in \mathbb{R}$

3.4 Normalenform / Koordinatenform der Ebenengleichung (eA)

Ein Vektor $\vec{n} = \begin{pmatrix} n_1 \\ n_2 \\ n_3 \end{pmatrix}$, der senkrecht auf einer Ebene E steht, heißt

Normalenvektor der Ebene E. Damit lässt sich die Gleichung der Ebene, die den Punkt A enthält, in der Normalenform schreiben:

E: $\vec{n} \circ (\vec{x} - \vec{a}) = 0$ (Punkt-Normalenform der Ebenengleichung)

Ausmultiplizieren führt zu:

E: $\vec{n} \circ \vec{x} - \vec{n} \circ \vec{a} = 0$ (Allgemeine Normalenform)

E: $\vec{n} \circ \vec{x} - d = 0$

bzw.

E: $n_1 x_1 + n_2 x_2 + n_3 x_3 = d$ (Koordinatenform der Ebenengleichung)

3.5 Umwandlung: Parameterform ↔ Normalenform / Koordinatenform (eA)

Parameterform → Normalenform / Koordinatenform

E: $\vec{x} = \vec{a} + r \cdot \vec{u} + s \cdot \vec{v};\ r, s \in \mathbb{R}$

Vorgehensweise

Schritt 1: Der Normalenvektor steht auf den beiden Richtungsvektoren $\vec{u}$ und $\vec{v}$ der Ebene senkrecht und lässt sich über das Skalarprodukt berechnen:

$\vec{n} \circ \vec{u} = 0$ und $\vec{n} \circ \vec{v} = 0$

Schritt 2: Normalenform der Ebene mithilfe des Stützpunktes A (aus der Parameterform der Ebene) und des Normalenvektors $\vec{n}$ angeben:

$\vec{n} \circ \vec{x} - \vec{n} \circ \vec{a} = 0$ bzw. $n_1 x_1 + n_2 x_2 + n_3 x_3 = d$

 E: $\vec{x} = \begin{pmatrix} 2 \\ -1 \\ 0 \end{pmatrix} + r \cdot \begin{pmatrix} 1 \\ 0 \\ -1 \end{pmatrix} + s \cdot \begin{pmatrix} 1 \\ 1 \\ 1 \end{pmatrix};\ r, s \in \mathbb{R}$

Schritt 1:

I $\vec{n} \circ \vec{u} = 0 \iff \begin{pmatrix} n_1 \\ n_2 \\ n_3 \end{pmatrix} \circ \begin{pmatrix} 1 \\ 0 \\ -1 \end{pmatrix} = 0 \iff n_1 - n_3 = 0$

II $\vec{n} \circ \vec{v} = 0 \iff \begin{pmatrix} n_1 \\ n_2 \\ n_3 \end{pmatrix} \circ \begin{pmatrix} 1 \\ 1 \\ 1 \end{pmatrix} = 0 \iff n_1 + n_2 + n_3 = 0$

I + II: $2n_1 + n_2 = 0 \iff n_2 = -2n_1$

Wähle $n_1 = 1 \implies n_2 = -2$, $n_3 = n_1 = 1 \implies \vec{n} = \begin{pmatrix} 1 \\ -2 \\ 1 \end{pmatrix}$

Schritt 2:

E: $\begin{pmatrix} 1 \\ -2 \\ 1 \end{pmatrix} \circ \vec{x} - \begin{pmatrix} 1 \\ -2 \\ 1 \end{pmatrix} \circ \begin{pmatrix} 2 \\ -1 \\ 0 \end{pmatrix} = 0 \iff x_1 - 2x_2 + x_3 = 4$

Normalenform / Koordinatenform → Parameterform

Vorgehensweise

Schritt 1: Normalenform nach einer Koordinate auflösen, z. B. x_3

Schritt 2: Die zwei freien Koordinaten mit Parametern besetzen, z. B.:

$x_1 = r$ und $x_2 = s$; $r, s \in \mathbb{R}$

Schritt 3: Gleichung der Ebene E in Parameterform schreiben:

E: $\vec{x} = \begin{pmatrix} x_1 \\ x_2 \\ x_3 \end{pmatrix} = \vec{a} + r \cdot \vec{u} + s \cdot \vec{v}$; $r, s \in \mathbb{R}$

 E: $7x_1 + 4x_2 - x_3 + 11 = 0$

Schritt 1:

$7x_1 + 4x_2 - x_3 + 11 = 0 \iff x_3 = 11 + 7x_1 + 4x_2$

Schritt 2:

$x_1 = r$, $x_2 = s$ mit $r, s \in \mathbb{R} \implies x_3 = 11 + 7r + 4s$

Schritt 3:

E: $\vec{x} = \begin{pmatrix} x_1 \\ x_2 \\ x_3 \end{pmatrix} = \begin{pmatrix} r \\ s \\ 11 + 7r + 4s \end{pmatrix} = \begin{pmatrix} 0 + r + 0 \\ 0 + 0 + s \\ 11 + 7r + 4s \end{pmatrix}$

$= \begin{pmatrix} 0 \\ 0 \\ 11 \end{pmatrix} + r \cdot \begin{pmatrix} 1 \\ 0 \\ 7 \end{pmatrix} + s \cdot \begin{pmatrix} 0 \\ 1 \\ 4 \end{pmatrix}$; $r, s \in \mathbb{R}$

3.6 Lagebeziehungen zwischen Gerade und Ebene (eA)

Gegeben sind die Gerade g: $\vec{x} = \vec{p} + r \cdot \vec{u}$; $r \in \mathbb{R}$ und die Ebene
E: $\vec{x} = \vec{q} + s \cdot \vec{v} + t \cdot \vec{w}$; $s, t \in \mathbb{R}$.

Zur Untersuchung der Lagebeziehung werden die rechten Seiten der Geradengleichung und der Ebenengleichung gleichgesetzt.

Hat die Gleichung $\vec{p} + r \cdot \vec{u} = \vec{q} + s \cdot \vec{v} + t \cdot \vec{w}$

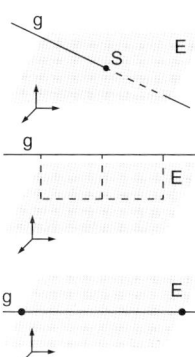

- genau eine Lösung, so schneiden sich g und E in einem Punkt S.

- keine Lösung, so verlaufen g und E parallel und haben keinen gemeinsamen Punkt.

- unendlich viele Lösungen, so liegt g vollständig in E.

 Untersuchen Sie die gegenseitige Lage der Geraden g: $\vec{x} = \begin{pmatrix} 2 \\ 3 \\ 0 \end{pmatrix} + r \cdot \begin{pmatrix} 1 \\ 1 \\ 1 \end{pmatrix}$; $r \in \mathbb{R}$ und der Ebene E: $\vec{x} = \begin{pmatrix} 1 \\ 2 \\ 3 \end{pmatrix} + s \cdot \begin{pmatrix} 1 \\ -1 \\ 0 \end{pmatrix} + t \cdot \begin{pmatrix} 0 \\ 2 \\ 1 \end{pmatrix}$; $s, t \in \mathbb{R}$.

Gleichsetzen ergibt:

$$\begin{pmatrix} 2 \\ 3 \\ 0 \end{pmatrix} + r \cdot \begin{pmatrix} 1 \\ 1 \\ 1 \end{pmatrix} = \begin{pmatrix} 1 \\ 2 \\ 3 \end{pmatrix} + s \cdot \begin{pmatrix} 1 \\ -1 \\ 0 \end{pmatrix} + t \cdot \begin{pmatrix} 0 \\ 2 \\ 1 \end{pmatrix}$$

Diese Vektorgleichung führt auf ein lineares Gleichungssystem mit drei Gleichungen und den drei Variablen r, s und t:

$$\begin{aligned} r - s \quad\quad &= -1 \\ r + s - 2t &= -1 \\ r \quad\ - t &= \ \ 3 \end{aligned}$$

Umformung des LGS auf Dreiecksgestalt ergibt:

$$\begin{aligned} r - \ s \quad\quad\ &= -1 \\ 2s - 2t &= \ \ 0 \\ 0t &= \ \ 4 \end{aligned}$$

Für die letzte Gleichung $0 \cdot t = 4$ gibt es keine Lösung. Daher hat auch das gesamte LGS keine Lösung. Geometrisch bedeutet dies, dass g und E keine gemeinsamen Punkte besitzen: g verläuft in einer zu E parallelen Ebene, die von E verschieden ist.

3.7 Lagebeziehungen zwischen zwei Ebenen (eA)

Gegeben sind die Ebenen E: $\vec{x} = \vec{p} + r \cdot \vec{u} + s \cdot \vec{f}$; $r, s \in \mathbb{R}$ und
F: $\vec{x} = \vec{q} + k \cdot \vec{v} + t \cdot \vec{w}$; $k, t \in \mathbb{R}$. Zur Untersuchung der Lagebeziehung
werden die rechten Seiten der Ebenengleichungen gleichgesetzt.

Hat die Gleichung $\vec{p} + r \cdot \vec{u} + s \cdot \vec{f} = \vec{q} + k \cdot \vec{v} + t \cdot \vec{w}$

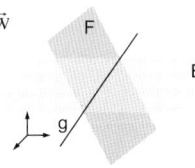

- unendlich viele Lösungen mit genau
  einem frei wählbaren Parameter, so
  schneiden sich die Ebenen E und F in
  einer Schnittgeraden g.

- keine Lösung, so liegen E und F
  parallel zueinander und haben
  keinen gemeinsamen Punkt.

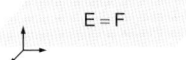

- unendlich viele Lösungen mit zwei
  frei wählbaren Parametern, so sind
  die Ebenen E und F identisch.

 Untersuchen Sie die gegenseitige Lage der Ebenen E und F. Bestimmen Sie gegebenenfalls die Schnittgerade.

$$E: \vec{x} = \begin{pmatrix} 1 \\ 0 \\ 3 \end{pmatrix} + r \cdot \begin{pmatrix} 1 \\ 0 \\ 1 \end{pmatrix} + s \cdot \begin{pmatrix} 2 \\ 1 \\ 0 \end{pmatrix}; \quad F: \vec{x} = \begin{pmatrix} 2 \\ -3 \\ 5 \end{pmatrix} + k \cdot \begin{pmatrix} 2 \\ -2 \\ 1 \end{pmatrix} + t \cdot \begin{pmatrix} 1 \\ 2 \\ -2 \end{pmatrix}; \quad r, s, k, t \in \mathbb{R}$$

LGS:	Dreiecksform:
$r + 2s - 2k - t = 1$	$r + 2s - 2k - t = 1$
$s + 2k - 2t = -3$	$s + 2k - 2t = -3$
$r \quad - k + 2t = 2$	$5k - t = -5$

Die 3. Gleichung der Dreiecksform liefert eine Beziehung zwischen
den Parametern k und t: $t = 5k + 5$. Dabei ist k frei wählbar. Setzt man
dies in die Gleichung von F ein, so ergibt sich die Gleichung:

$$\vec{x} = \begin{pmatrix} 2 \\ -3 \\ 5 \end{pmatrix} + k \cdot \begin{pmatrix} 2 \\ -2 \\ 1 \end{pmatrix} + (5k + 5) \cdot \begin{pmatrix} 1 \\ 2 \\ -2 \end{pmatrix}$$

Schnittgerade:

$$g: \vec{x} = \begin{pmatrix} 2 \\ -3 \\ 5 \end{pmatrix} + k \cdot \begin{pmatrix} 2 \\ -2 \\ 1 \end{pmatrix} + 5k \cdot \begin{pmatrix} 1 \\ 2 \\ -2 \end{pmatrix} + 5 \cdot \begin{pmatrix} 1 \\ 2 \\ -2 \end{pmatrix} = \begin{pmatrix} 7 \\ 7 \\ -5 \end{pmatrix} + k \cdot \begin{pmatrix} 7 \\ 8 \\ -9 \end{pmatrix}; \quad k \in \mathbb{R}$$

3.8 Schnittwinkel

Ist der Schnittwinkel α zweier geometrischer Objekte gesucht, so ist der spitze Winkel, den diese beiden Objekte einschließen, zu berechnen.

Schnittwinkel zwischen zwei Geraden
Der Schnittwinkel α zweier Geraden entspricht dem spitzen Winkel zwischen ihren Richtungsvektoren $\vec{u}$ und $\vec{v}$:

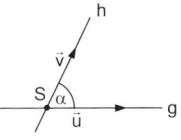

$$\cos\alpha = \frac{|\vec{u} \circ \vec{v}|}{|\vec{u}| \cdot |\vec{v}|} \qquad (0° \leq \alpha \leq 90°)$$

Schnittwinkel zwischen Gerade und Ebene (eA)
Der Schnittwinkel α zwischen einer Geraden und einer Ebene entspricht dem Komplementärwinkel des spitzen Winkels zwischen Normalenvektor $\vec{n}$ und Richtungsvektor $\vec{u}$:

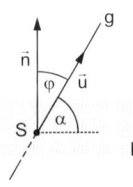

$$\cos\varphi = \frac{|\vec{n} \circ \vec{u}|}{|\vec{n}| \cdot |\vec{u}|} \quad \text{und} \quad \alpha = 90° - \varphi$$

oder $\quad \sin\alpha = \dfrac{|\vec{n} \circ \vec{u}|}{|\vec{n}| \cdot |\vec{u}|}$

Schnittwinkel zwischen zwei Ebenen (eA)
Der Schnittwinkel α zweier Ebenen entspricht dem spitzen Winkel zwischen ihren Normalenvektoren $\vec{n}$ und $\vec{m}$:

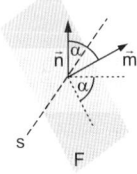

$$\cos\alpha = \frac{|\vec{n} \circ \vec{m}|}{|\vec{n}| \cdot |\vec{m}|}$$

Bestimmen Sie den Schnittwinkel α der Ebene E: $x_1 - 2x_2 - 2 = 0$ mit der Geraden g: $\vec{x} = \begin{pmatrix} 2 \\ -4 \\ 2 \end{pmatrix} + r \cdot \begin{pmatrix} 0 \\ 2 \\ 1 \end{pmatrix}$; $r \in \mathbb{R}$. (eA)

$$\cos\varphi = \frac{\left| \begin{pmatrix} 1 \\ -2 \\ 0 \end{pmatrix} \circ \begin{pmatrix} 0 \\ 2 \\ 1 \end{pmatrix} \right|}{\left| \begin{pmatrix} 1 \\ -2 \\ 0 \end{pmatrix} \right| \cdot \left| \begin{pmatrix} 0 \\ 2 \\ 1 \end{pmatrix} \right|} = \frac{|0 - 4 + 0|}{\sqrt{1^2 + (-2)^2 + 0^2} \cdot \sqrt{0^2 + 2^2 + 1^2}} = \frac{4}{5}$$

$\Rightarrow \quad \varphi \approx 36{,}87°$ und $\alpha = 90° - \varphi \approx 53{,}13°$

oder $\quad \sin\alpha = \dfrac{4}{5} \quad \Rightarrow \quad \alpha \approx 53{,}13°$

4 Abstände zwischen geometrischen Objekten (eA)

4.1 Abstand zu einer Ebene

Abstand Punkt – Ebene
Gegeben ist ein Punkt $P(p_1 \mid p_2 \mid p_3)$ und
die Ebene E in Koordinatenform:
E: $n_1 x_1 + n_2 x_2 + n_3 x_3 = d$

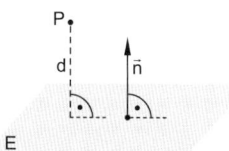

Vorgehensweise 1 (Lotfußpunktverfahren)
Schritt 1: Aufstellen der Gleichung der Lotgeraden ℓ (Stützpunkt P;
Richtungsvektor $\vec{n}$)
ℓ: $\vec{x} = \vec{p} + r \cdot \vec{n}$; $r \in \mathbb{R}$

Schritt 2: Bestimmung des Schnittpunktes F von Ebene und Lotgerade
$\ell \cap E = \{F\}$

Schritt 3: Berechnung des Abstands $d(P; E) = d(P; F)$

Vorgehensweise 2 (Formel)
$$d(P; E) = \frac{\mid n_1 p_1 + n_2 p_2 + n_3 p_3 - d \mid}{\mid \vec{n} \mid}$$

Die Berechnung des Abstands einer Geraden zu einer parallel verlaufenden Ebene bzw. zweier paralleler Ebenen lässt sich jeweils zurückführen auf die Berechnung des Abstands eines Punktes zu einer Ebene.

Abstand Gerade – Ebene
Der Abstand einer zur Ebene E parallel
verlaufenden Geraden g zur Ebene E entspricht dem Abstand eines beliebigen
Punktes P der Geraden zur Ebene:
$d(g; E) = d(P; E)$ mit $P \in g$ beliebig

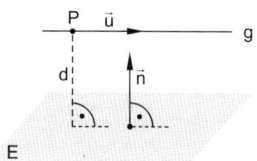

Abstand Ebene – Ebene
Der Abstand einer zur Ebene E parallel
verlaufenden Ebene F zur Ebene E entspricht dem Abstand eines beliebigen
Punktes P der Ebene F zur Ebene E:
$d(F; E) = d(P; E)$ mit $P \in F$ beliebig

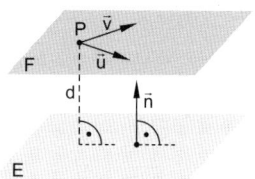

Berechnen Sie den Abstand der beiden parallelen Ebenen

$E_1: -2x_1 + 2x_2 + x_3 = -9$ und $E_2: \vec{x} = \begin{pmatrix} 1 \\ 2 \\ 4 \end{pmatrix} + r \cdot \begin{pmatrix} 1 \\ 0 \\ 2 \end{pmatrix} + s \cdot \begin{pmatrix} 2 \\ 3 \\ -2 \end{pmatrix}$; $r, s \in \mathbb{R}$.

Der Abstand der parallelen Ebenen entspricht dem Abstand des Stützpunktes $P(1\,|\,2\,|\,4)$ der Ebene E_2 zur Ebene E_1.

Vorgehensweise 1:

Schritt 1: Aufstellen der Gleichung der Lotgeraden

$\ell: \vec{x} = \begin{pmatrix} 1 \\ 2 \\ 4 \end{pmatrix} + r \cdot \begin{pmatrix} -2 \\ 2 \\ 1 \end{pmatrix}$; $r \in \mathbb{R}$

Schritt 2: Bestimmung des Schnittpunktes F von Ebene und Lotgerade

$$-2(1 - 2r) + 2(2 + 2r) + (4 + r) = -9$$
$$-2 + 4r + 4 + 4r + 4 + r = -9$$
$$9r = -15$$
$$r = -\frac{5}{3}$$

$\vec{f} = \begin{pmatrix} 1 \\ 2 \\ 4 \end{pmatrix} - \frac{5}{3} \cdot \begin{pmatrix} -2 \\ 2 \\ 1 \end{pmatrix} = \frac{1}{3} \begin{pmatrix} 13 \\ -4 \\ 7 \end{pmatrix}$

Schritt 3: Abstandsberechnung

$$d(P; F) = \left| \frac{1}{3}\begin{pmatrix} 13 \\ -4 \\ 7 \end{pmatrix} - \begin{pmatrix} 1 \\ 2 \\ 4 \end{pmatrix} \right| = \left| \begin{pmatrix} \frac{10}{3} \\ -\frac{10}{3} \\ -\frac{5}{3} \end{pmatrix} \right|$$

$$= \sqrt{\frac{100}{9} + \frac{100}{9} + \frac{25}{9}} = \sqrt{25} = 5\,[\text{LE}]$$

Vorgehensweise 2:

$$d(E_2; E_1) = d(P; E_1) = \frac{|-2 \cdot 1 + 2 \cdot 2 + 1 \cdot 4 + 9|}{\sqrt{(-2)^2 + 2^2 + 1^2}} = \frac{|15|}{\sqrt{9}} = \frac{15}{3} = 5\,[\text{LE}]$$

4.2 Abstand eines Punktes zu einer Geraden

Der Abstand eines Punktes P zu einer Geraden g entspricht der Länge des Lotes, das von P auf die Gerade gefällt wird. Zur Bestimmung dieses Abstands ermittelt man den Lotfußpunkt.

Vorgehensweise 1

Schritt 1: Gleichung einer Hilfsebene H aufstellen, die den Punkt P enthält und senkrecht auf der Geraden g steht

H: $\vec{u} \circ (\vec{x} - \vec{p}) = 0$

Schritt 2: Lotfußpunkt L als Schnittpunkt von g und H berechnen

Schritt 3: Abstand von P zu g als Abstand von P zu L berechnen (Länge des Lotes)

$d(P; g) = d(P; L) = \left| \overrightarrow{PL} \right|$

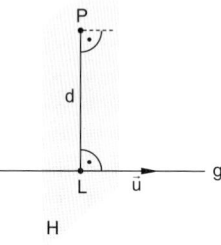

Vorgehensweise 2

Schritt 1: Verbindungsvektor $\overrightarrow{PL}$ aufstellen, wobei L zunächst ein allgemeiner Geradenpunkt von g ist (in Abhängigkeit von r)

Schritt 2: Parameter r aus der Bedingung $\overrightarrow{PL} \circ \vec{u} = 0$ bestimmen und Koordinaten des Lotfußpunktes L durch Einsetzen von r in die Gleichung von g berechnen

Schritt 3: Abstand von P zu g als Abstand von P zu L berechnen

$d(P; g) = d(P; L) = \left| \overrightarrow{PL} \right|$ (Länge des Lotes)

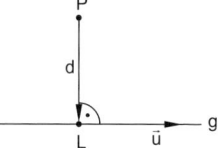

 Bestimmen Sie den Abstand des Punktes $P(-6 \,|\, 2 \,|\, 5)$ zur Geraden

g: $\vec{x} = \begin{pmatrix} 0 \\ 2 \\ 2 \end{pmatrix} + r \cdot \begin{pmatrix} 2 \\ -2 \\ 1 \end{pmatrix}$; $r \in \mathbb{R}$.

Vorgehensweise 1

Schritt 1: Gleichung einer Hilfsebene H aufstellen

H: $\begin{pmatrix} 2 \\ -2 \\ 1 \end{pmatrix} \circ \left(\vec{x} - \begin{pmatrix} -6 \\ 2 \\ 5 \end{pmatrix} \right) = 0$ bzw.   H: $2x_1 - 2x_2 + x_3 + 11 = 0$

Schritt 2: Schnittpunkt L von g und H berechnen

$$2 \cdot (0 + 2r) - 2 \cdot (2 - 2r) + (2 + r) + 11 = 0$$
$$4r - 4 + 4r + 2 + r + 11 = 0$$
$$9r = -9$$
$$r = -1$$

$$\Rightarrow \quad \vec{\ell} = \begin{pmatrix} 0 \\ 2 \\ 2 \end{pmatrix} + (-1) \cdot \begin{pmatrix} 2 \\ -2 \\ 1 \end{pmatrix} = \begin{pmatrix} -2 \\ 4 \\ 1 \end{pmatrix} \quad \Rightarrow \quad L(-2 \,|\, 4 \,|\, 1)$$

Schritt 3: Abstand von P zu g berechnen

$$d(P; g) = |\overrightarrow{PL}| = \left| \begin{pmatrix} -2 \\ 4 \\ 1 \end{pmatrix} - \begin{pmatrix} -6 \\ 2 \\ 5 \end{pmatrix} \right| = \left| \begin{pmatrix} 4 \\ 2 \\ -4 \end{pmatrix} \right| = \sqrt{4^2 + 2^2 + (-4)^2}$$

$$= \sqrt{36} = 6 \,[\mathrm{LE}]$$

Vorgehensweise 2

Schritt 1: Verbindungsvektor $\overrightarrow{PL}$ aufstellen

$$\overrightarrow{PL} = \begin{pmatrix} 0 + 2r \\ 2 - 2r \\ 2 + r \end{pmatrix} - \begin{pmatrix} -6 \\ 2 \\ 5 \end{pmatrix} = \begin{pmatrix} 6 + 2r \\ -2r \\ -3 + r \end{pmatrix}$$

Schritt 2: Parameter r bestimmen

$$\overrightarrow{PL} \circ \vec{u} = 0$$

$$\Leftrightarrow \qquad \begin{pmatrix} 6 + 2r \\ -2r \\ -3 + r \end{pmatrix} \circ \begin{pmatrix} 2 \\ -2 \\ 1 \end{pmatrix} = 0$$

$$\Leftrightarrow \quad (6 + 2r) \cdot 2 + (-2r) \cdot (-2) + (-3 + r) \cdot 1 = 0$$

$$\Leftrightarrow \qquad\qquad 12 + 4r + 4r - 3 + r = 0$$

$$\Leftrightarrow \qquad\qquad\qquad\qquad 9r = -9$$

$$\Leftrightarrow \qquad\qquad\qquad\qquad r = -1$$

Die weitere Rechnung erfolgt analog zu Vorgehensweise 1.

Abstand paralleler Geraden

Die Berechnung des Abstands zweier paralleler Geraden lässt sich zurückführen auf die Berechnung des Abstands eines Punktes zu einer Geraden.

Der Abstand zweier parallel verlaufender Geraden g und h entspricht dem Abstand eines beliebigen Punktes P der Geraden h zur Geraden g:

$d(h; g) = d(P; g)$ mit $P \in h$ beliebig

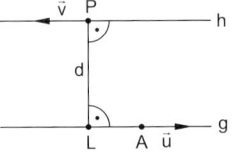

4.3 Abstand zweier windschiefer Geraden

Die Berechnung des Abstands zweier windschiefer Geraden g und h lässt sich zurückführen auf die Berechnung des Abstands eines beliebigen Punktes der einen Geraden zu einer Hilfsebene.

Vorgehensweise

Schritt 1: Gleichung einer Hilfsebene H, die die Gerade h enthält und parallel zur Geraden g liegt, in Normalenform aufstellen

H: $\vec{n} \circ (\vec{x} - \vec{b}) = 0$

(mit $\vec{n}$ senkrecht auf $\vec{u}$ und $\vec{v}$ sowie B als Stützpunkt von h)

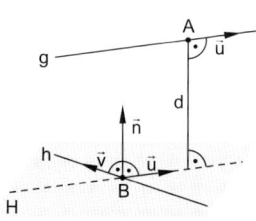

Schritt 2: Abstand von g zu h als Abstand eines Punktes der Geraden g zur Ebene H berechnen (vgl. Abschnitt 4.1)

d(g; h) = d(A; H) mit A ∈ g beliebig

 Bestimmen Sie den Abstand der beiden windschiefen Geraden

g: $\vec{x} = \begin{pmatrix} 4 \\ 1 \\ 3 \end{pmatrix} + r \cdot \begin{pmatrix} -2 \\ 2 \\ -1 \end{pmatrix}$ und h: $\vec{x} = \begin{pmatrix} 5 \\ -1 \\ 0 \end{pmatrix} + s \cdot \begin{pmatrix} 2 \\ -3 \\ 2 \end{pmatrix}$; r, s ∈ ℝ.

Schritt 1: Gleichung einer Hilfsebene H aufstellen

I $\quad \vec{n} \circ \vec{u} = 0 \quad \Leftrightarrow \quad \begin{pmatrix} n_1 \\ n_2 \\ n_3 \end{pmatrix} \circ \begin{pmatrix} -2 \\ 2 \\ -1 \end{pmatrix} = 0 \quad \Leftrightarrow \quad -2n_1 + 2n_2 - n_3 = 0$

II $\quad \vec{n} \circ \vec{v} = 0 \quad \Leftrightarrow \quad \begin{pmatrix} n_1 \\ n_2 \\ n_3 \end{pmatrix} \circ \begin{pmatrix} 2 \\ -3 \\ 2 \end{pmatrix} = 0 \quad \Leftrightarrow \quad 2n_1 - 3n_2 + 2n_3 = 0$

I + II: $-n_2 + n_3 = 0 \quad \Leftrightarrow \quad n_3 = n_2$

Wähle $n_2 = 2 \quad \Rightarrow \quad n_3 = 2, \; n_1 = 1 \quad \Rightarrow \quad \vec{n} = \begin{pmatrix} 1 \\ 2 \\ 2 \end{pmatrix}$

H: $\begin{pmatrix} 1 \\ 2 \\ 2 \end{pmatrix} \circ \left[\vec{x} - \begin{pmatrix} 5 \\ -1 \\ 0 \end{pmatrix} \right] = 0$ bzw. H: $x_1 + 2x_2 + 2x_3 - 3 = 0$

Schritt 2: Abstand von g zu h berechnen

Mit dem Stützpunkt A(4 | 1 | 3) von g gilt:

$$d(g; h) = d(A; H) = \frac{|1 \cdot 4 + 2 \cdot 1 + 2 \cdot 3 - 3|}{\sqrt{1^2 + 2^2 + 2^2}} = \frac{|9|}{\sqrt{9}} = \frac{9}{3} = 3 \, [LE]$$

Stochastik

1 Grundlagen

1.1 Lage- und Streumaße in der beschreibenden Statistik

Erhobene Daten lassen sich beispielsweise mithilfe von Stabdiagrammen oder Histogrammen darstellen. Es ist nützlich, die gemessenen Daten durch möglichst wenige, aber aussagekräftige Kennzahlen zu beschreiben.

Lagemaße liefern Aussagen darüber, in welcher Größenordnung die gemessenen Daten liegen. **Streumaße** sagen etwas darüber aus, wie stark die gemessenen Daten voneinander abweichen.

Lagemaße

Das **arithmetische Mittel** $\bar{x}$ einer Datenreihe x_1, x_2, x_3, …, x_n ist der Quotient aus der Summe aller Einzeldaten und ihrer Anzahl n:

$$\bar{x} = \tfrac{1}{n} \cdot (x_1 + x_2 + x_3 + \ldots + x_n)$$

Der **Median** $\tilde{x}$ einer der Größe nach geordneten Datenreihe ist für eine

- ungerade Anzahl von Daten der in der Mitte liegende Wert,
- gerade Anzahl von Daten das arithmetische Mittel der beiden in der Mitte liegenden Werte.

Der **Modalwert** einer Datenreihe ist der Wert mit der höchsten Häufigkeit.

Bemerkung: Der Modalwert ist nicht immer eindeutig festgelegt, denn in einer Datenreihe können mehrere Werte mit gleicher (maximaler) Häufigkeit vorkommen.

Eine Befragung von 6 Schülerinnen und Schülern zur Höhe ihres wöchentlichen Taschengeldes liefert das folgende Ergebnis:
3 €, 4,50 €, 8 €, 4,50 €, 3 €, 4 €

- Bestimmen Sie das arithmetische Mittel, den Median und den Modalwert für diese Datenreihe.

  Arithmetisches Mittel:

  $$\overline{x} = \frac{1}{6} \cdot (2 \cdot 3 + 2 \cdot 4{,}50 + 8 + 4) \; € = \frac{1}{6} \cdot 27 \; € = 4{,}50 \; €$$

  Die nach der Größe geordnete Datenreihe lautet:

  3 €   3 €   **4 €   4,50 €**   4,50 €   8 €

  Die Anzahl der Daten ist gerade. Der Median ergibt sich aus dem arithmetischen Mittel von 4 € und 4,50 €:

  $$\tilde{x} = \frac{1}{2} \cdot (4 + 4{,}50) \; € = 4{,}25 \; €$$

  Modalwerte: 3 € und 4,50 €

- Bestimmen Sie das arithmetische Mittel und den Median, wenn das Taschengeld einer Person von 4,50 € auf 40 € erhöht wird.

  Neue Datenreihe:

  3 €   3 €   **4 €   4,50 €**   8 €   40 €

  Arithmetisches Mittel: $\overline{x} = \frac{1}{6} \cdot (27 + 35{,}5) \; € \approx 10{,}42 \; €$

  Der Median bleibt gleich: $\tilde{x} = 4{,}25 \; €$

  Bemerkung: Das arithmetische Mittel reagiert bei diesem kleinen Datenumfang sehr stark auf „Ausreißer". Es liegt oberhalb der Taschengeldwerte von 5 Schülerinnen und Schülern und vermittelt dadurch ein unrealistisches Bild der Datenlage. Der Median erweist sich als „stabil".

Streumaße

Die mittlere quadratische Abweichung der Daten x_1, x_2, x_3, ..., x_n von ihrem arithmetischen Mittel $\overline{x}$ wird als **empirische Varianz s^2** bezeichnet:

$$s^2 = \frac{1}{n} \cdot [(x_1 - \overline{x})^2 + (x_2 - \overline{x})^2 + (x_3 - \overline{x})^2 + ... + (x_n - \overline{x})^2]$$

Die Wurzel aus der empirischen Varianz wird als **empirische Standardabweichung s** bezeichnet.

Unter der **Spannweite** einer Datenreihe versteht man die Differenz zwischen dem größten und dem kleinsten Wert der Datenreihe.

Berechnen Sie für die Datenreihe aus der obigen Aufgabe (Taschengeld) die empirische Varianz, die empirische Standardabweichung und
die Spannweite.

Empirische Varianz:

$$s^2 = \frac{1}{6} \cdot [2 \cdot (3 - 4{,}50)^2 + (4 - 4{,}50)^2 + 2 \cdot (4{,}50 - 4{,}50)^2$$
$$+ (8 - 4{,}50)^2 \,] \,€^2$$
$$= \frac{1}{6} \cdot [2 \cdot (-1{,}50)^2 + (-0{,}50)^2 + 2 \cdot 0 + 3{,}50^2 \,] \,€^2$$
$$= \frac{1}{6} \cdot [4{,}50 + 0{,}25 + 0 + 12{,}25] \,€^2$$
$$= \frac{1}{6} \cdot 17 \,€^2 \approx 2{,}83 \,€^2$$

Empirische Standardabweichung:

$$s = \sqrt{\frac{1}{6} \cdot 17} \ \,€ \approx 1{,}68 \,€$$

Spannweite:
$$8 \,€ - 3 \,€ = 5 \,€$$

Bemerkung: Bei umfangreicheren Datenreihen wird sinnvollerweise
der Rechner (GTR oder CAS) eingesetzt.

1.2 Zufallsexperiment, Ergebnisraum und Ereignisse

Ein Zufallsexperiment stellt einen Vorgang dar, der zu mehreren, sich
gegenseitig ausschließenden Ergebnissen führt. Es hängt vom Zufall
ab, welches Ergebnis tatsächlich eintreten wird.
Der Ergebnisraum Ω umfasst alle möglichen Ausgänge (Ergebnisse)
eines Zufallsexperiments. Die Anzahl der Elemente von Ω wird als
Mächtigkeit $|\Omega|$ bezeichnet.
Jede Teilmenge des Ergebnisraums beschreibt ein Ereignis. Ω selbst
heißt sicheres Ereignis (tritt auf jeden Fall ein), die leere Menge { }
unmögliches Ereignis (tritt nie ein). Ein einzelnes Ergebnis wird auch
als Elementarereignis bezeichnet.

Durch Verknüpfung einzelner Ereignisse (z. B. Bildung der Schnittmenge) entstehen neue Ereignisse als Teilmengen des Ergebnisraums. Ausgehend von zwei Ereignissen A und B als Teilmengen eines Ergebnisraums Ω ergeben sich u. a. folgende weitere Ereignisse:

Gegenereignis $\overline{A}$
Das **Gegenereignis** $\overline{A}$ tritt genau dann ein, wenn das Ereignis A nicht eintritt.

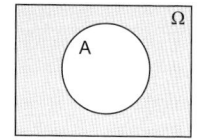

Schnittmenge $A \cap B$
A und B tritt genau dann ein, wenn sowohl A als auch B eintritt.
Ist $A \cap B = \{ \}$, so heißen die Ereignisse A und B unvereinbar.

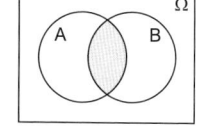

Vereinigungsmenge $A \cup B$
A oder B tritt genau dann ein, wenn mindestens eines der beiden Ereignisse A, B eintritt.

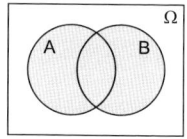

Absolute und relative Häufigkeit

Tritt bei einer n-fachen Durchführung eines Zufallsexperiments ein Ergebnis k-mal auf, so bezeichnet man den Wert k als **absolute Häufigkeit** des Ergebnisses. Der Quotient $h = \frac{k}{n}$ heißt relative Häufigkeit des Ergebnisses. Für die **relative Häufigkeit** h gilt: $0 \le h \le 1$. Werden die relativen Häufigkeiten aller möglichen Ergebnisse addiert, so erhält man 1 bzw. 100 %.

2 Wahrscheinlichkeitsberechnungen

2.1 Der Wahrscheinlichkeitsbegriff

Den einzelnen Elementen eines Ergebnisraums lassen sich Wahrscheinlichkeiten zuordnen. Die Wahrscheinlichkeit eines Ereignisses A wird mit P(A) bezeichnet.

Eigenschaften der Wahrscheinlichkeit

- $0 \le P(A) \le 1$ für jedes Ereignis $A \subseteq \Omega$
- $P(\Omega) = 1$ und $P(\{\,\}) = 0$
- $P(\overline{A}) = 1 - P(A)$ (Komplementärregel)
- $P(A \cup B) = P(A) + P(B) - P(A \cap B)$ (Additionssatz)

2.2 Laplace-Experimente, Laplace-Wahrscheinlichkeit

Ein Zufallsexperiment, bei dem alle Ergebnisse (Elementarereignisse) aus Ω gleich wahrscheinlich sind, heißt Laplace-Experiment.
Die Wahrscheinlichkeit eines Ereignisses A erhält man in diesem Fall, indem man die Mächtigkeit von A durch die Mächtigkeit von Ω teilt:

$$P(A) = \frac{|A|}{|\Omega|} = \frac{\text{Anzahl der für A günstigen Ergebnisse}}{\text{Anzahl aller möglichen Ergebnisse}}$$

Beispiele für Laplace-Experimente sind das Werfen eines Würfels, das Werfen einer Münze und das Ziehen einer Kugel aus einer Urne.

 In einer Urne liegen 10 Kugeln, die von 1 bis 10 beschriftet sind. Eine Kugel wird gezogen.
A: „Eine gerade Zahl wird gezogen."
B: „Eine Zahl kleiner als 5 wird gezogen."

$\Omega = \{1; 2; \ldots; 9; 10\} \Rightarrow |\Omega| = 10$
Beim Ziehen aus der Urne handelt es sich um ein Laplace-Experiment, da jede Kugel mit der gleichen Wahrscheinlichkeit gezogen wird.

$A = \{2; 4; 6; 8; 10\} \Rightarrow P(A) = \frac{5}{10} = \frac{1}{2}$

$B = \{1; 2; 3; 4\}$ $\Rightarrow$ $P(B) = \frac{4}{10} = \frac{2}{5}$

$A \cap B$: „Die gezogene Zahl ist gerade und kleiner als 5."

$A \cap B = \{2; 4\}$ $\Rightarrow$ $P(A \cap B) = \frac{2}{10} = \frac{1}{5}$

$A \cup B$: „Die gezogene Zahl ist gerade oder kleiner als 5."

$A \cup B = \{1; 2; 3; 4; 6; 8; 10\}$ $\Rightarrow$ $P(A \cup B) = \frac{7}{10}$

oder: $P(A \cup B) = P(A) + P(B) - P(A \cap B) = \frac{1}{2} + \frac{2}{5} - \frac{1}{5} = \frac{7}{10}$

Empirisches Gesetz der großen Zahlen

Bei Nicht-Laplace-Experimenten (z. B. Werfen einer Reißzwecke, „Würfeln" mit einem Lego-Quader) sind die Ergebnisse nicht gleich wahrscheinlich. Man erhält aber Schätzwerte für die zugrunde liegenden Wahrscheinlichkeiten der einzelnen Ergebnisse, indem man das Zufallsexperiment häufig genug durchführt und dabei die relativen Häufigkeiten der Ergebnisse verfolgt. Mit wachsender Anzahl der Wiederholungen des Zufallsexperimentes ändern sich die relativen Häufigkeiten immer weniger und „pendeln" sich bei den Werten für die Wahrscheinlichkeiten der zugehörigen Ergebnisse ein. Dieses Erfahrungsgesetz nennt man das „empirische Gesetz der großen Zahlen". Es lässt sich bei Laplace-Experimenten beobachten und liefert bei Nicht-Laplace-Experimenten Schätzwerte für die gesuchten Wahrscheinlichkeiten.

2.3 Baumdiagramme und Vierfeldertafeln

Ein Baumdiagramm eignet sich zur Bestimmung von Wahrscheinlichkeiten mehrstufiger bzw. zusammengesetzter Zufallsexperimente.

Verzweigungsregel
Bei einem vollständigen Baumdiagramm beträgt die Summe der Wahrscheinlichkeiten aller Äste, die von einem Verzweigungspunkt ausgehen, stets 1.

1. Pfadregel (Produktregel)
Die Wahrscheinlichkeit eines einzelnen Ergebnisses ist das Produkt der Wahrscheinlichkeiten entlang des Pfades, der zu diesem Ergebnis führt.

2. Pfadregel (Summenregel)
Die Wahrscheinlichkeit eines Ereignisses ist die Summe der Wahrscheinlichkeiten der Pfade, die zu diesem Ereignis gehören.

Die Tennisabteilung eines Vereins besteht zu 60 % aus männlichen Mitgliedern, von denen 20 % Linkshänder sind. 10 % aller Mitglieder sind weiblich und Rechtshänder. Zeichnen Sie ein vollständiges Baumdiagramm und ermitteln Sie die Wahrscheinlichkeit, dass ein beliebiges Mitglied des Vereins Linkshänder ist.

M: „Mitglied ist ein Mann."
L: „Mitglied ist Linkshänder."

Die fett gedruckten Werte im Baumdiagramm sind gegeben, die übrigen ergeben sich mithilfe der Wahrscheinlichkeit für das Gegenereignis bzw. der 1. Pfadregel:

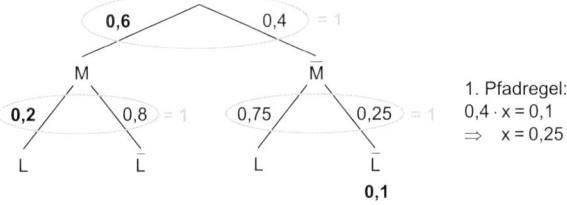

Die gesuchte Wahrscheinlichkeit erhält man mithilfe der 2. Pfadregel:
$$P(L) = P(M \cap L) + P(\overline{M} \cap L) = 0,6 \cdot 0,2 + 0,4 \cdot 0,75 = 0,42$$

Vierfeldertafel

Eine Vierfeldertafel eignet sich zur Bestimmung von Wahrscheinlichkeiten der Verknüpfungen zweier Ereignisse A und B:

	A	$\overline{A}$	
B	$P(A \cap B)$	$P(\overline{A} \cap B)$	$P(B)$
$\overline{B}$	$P(A \cap \overline{B})$	$P(\overline{A} \cap \overline{B})$	$P(\overline{B})$
	$P(A)$	$P(\overline{A})$	1

Die Randwerte ergeben sich dabei jeweils durch Summenbildung.

Bemerkung: In den Feldern können auch absolute Häufigkeiten stehen.

 Die Angaben aus dem vorherigen Beispiel lassen sich auch in einer Vierfeldertafel darstellen.

Gegeben: $P(M) = 0,6$
$P(M \cap L) = 0,6 \cdot 0,2 = 0,12$
$P(\overline{M} \cap \overline{L}) = 0,1$

Diese Werte sind in der Vierfeldertafel fett gedruckt; die übrigen Werte ergeben sich entsprechend als Summen bzw. Differenzen:

	M	$\overline{M}$	
L	**0,12**	0,3	0,42
$\overline{L}$	0,48	**0,1**	0,58
	0,6	0,4	1

Die zuvor mithilfe der 2. Pfadregel berechnete Wahrscheinlichkeit $P(L) = 0,42$ lässt sich aus der Vierfeldertafel direkt ablesen.

2.4 Bedingte Wahrscheinlichkeit

Bei einem Zufallsexperiment mit den möglichen Ereignissen A und B heißt die Wahrscheinlichkeit, dass B eintritt unter der Voraussetzung, dass A bereits eingetreten ist, die durch A bedingte Wahrscheinlichkeit von B. Für diese Wahrscheinlichkeit gilt:

$$P_A(B) = \frac{P(A \cap B)}{P(A)}$$

Mithilfe von bedingten Wahrscheinlichkeiten lässt sich das vollständige Baumdiagramm für ein zusammengesetztes bzw. mehrstufiges Zufallsexperiment mit den beiden Ereignissen A und B angeben.

Vollständiges Baumdiagramm:

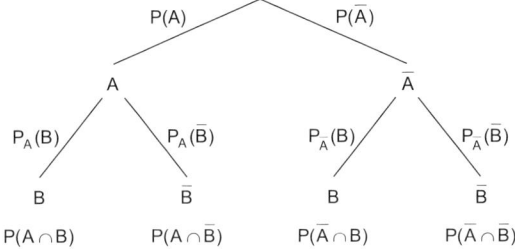

2.5 Stochastische Unabhängigkeit

Zwei Ereignisse A und B heißen stochastisch unabhängig, wenn das Eintreten von A keinen Einfluss auf die Wahrscheinlichkeit von B hat und umgekehrt, d. h., wenn $P_A(B) = P(B)$ oder $P_B(A) = P(A)$. Dies ist genau dann der Fall, wenn gilt:
$P(A \cap B) = P(A) \cdot P(B)$
Andernfalls heißen A und B stochastisch abhängig.

Bemerkung: Die stochastische Unabhängigkeit zweier Ereignisse ist nicht zu verwechseln mit der Unvereinbarkeit zweier Ereignisse A und B. Für letztere gilt: $P(A \cap B) = P(\{ \}) = 0$

Die stochastische Unabhängigkeit zweier Ereignisse A und B lässt sich gut anhand einer Vierfeldertafel überprüfen.

 Bei der Produktion eines Spielzeugs für Kinder können zwei Fehler auftreten. 10 % der produzierten Spielzeuge haben einen Funktionsfehler (F_1), 20 % haben einen Farbfehler (F_2). 25 % aller Spielzeuge haben mindestens einen Fehler.

- Stellen Sie die zugehörige Vierfeldertafel auf und überprüfen Sie die Ereignisse F_1 und F_2 auf stochastische Unabhängigkeit.

Gegeben: $P(F_1) = 0,1$
$P(F_2) = 0,2$
$P(F_1 \cup F_2) = 0,25$

Es gilt: $P(\overline{F_1}) = 1 - P(F_1) = 0,9$
$P(\overline{F_2}) = 1 - P(F_2) = 0,8$
$P(\overline{F_1} \cap \overline{F_2}) = 1 - P(F_1 \cup F_2) = 1 - 0,25 = 0,75$

Damit lässt sich eine vollständige Vierfeldertafel angeben:

	F_1	$\overline{F_1}$	
F_2	0,05	0,15	**0,2**
$\overline{F_2}$	0,05	**0,75**	0,8
	0,1	0,9	1

$P(F_1 \cap F_2) = 0,05$
$P(F_1) \cdot P(F_2) = 0,1 \cdot 0,2 = 0,02$
Also: $P(F_1 \cap F_2) = 0,05 \neq 0,02 = P(F_1) \cdot P(F_2)$
$\Rightarrow$ Die Ereignisse F_1 und F_2 sind stochastisch abhängig.

- Ein Spielzeug funktioniert einwandfrei. Mit welcher Wahrscheinlichkeit hat das Spielzeug einen Farbfehler?

  Gesucht ist die bedingte Wahrscheinlichkeit $P_{\overline{F_1}}(F_2)$. Es gilt:

  $$P_{\overline{F_1}}(F_2) = \frac{P(\overline{F_1} \cap F_2)}{P(\overline{F_1})} = \frac{0,15}{0,9} = \frac{1}{6} \approx 16,67\,\%$$

- Stellen Sie das zugehörige vollständige Baumdiagramm auf.

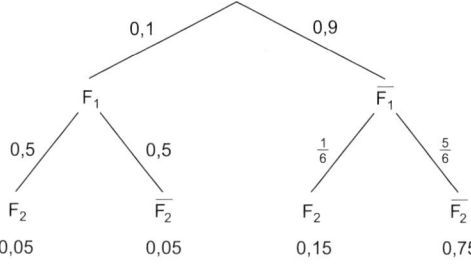

2.6 Urnenmodelle und Bernoulli-Formel

Mehrstufige Zufallsexperimente lassen sich mithilfe von Urnenmodellen veranschaulichen. Dabei werden unterscheidbare Kugeln aus einer Urne gezogen. Je nach Modell wird mit oder ohne Zurücklegen gezogen. Außerdem ist zu beachten, ob die Reihenfolge der gezogenen Kugeln eine Rolle spielt oder ob es nur um deren Anzahl geht.

Um die Wahrscheinlichkeit eines Ereignisses in einem Laplace-Experiment zu ermitteln, benötigt man die Mächtigkeiten der Ergebnismenge und des Ereignisses (vgl. Abschnitt 2.2). Insbesondere wenn es eine große Anzahl von Möglichkeiten gibt, lassen sich diese nicht mehr durch Notieren aller möglichen Ergebnisse und Abzählen bestimmen. Je nach Urnenmodell gibt es aber geeignete Berechnungsformeln:

Anzahl der Möglichkeiten
- Aus einer Urne mit n Kugeln wird k-mal *mit* Zurücklegen unter Beachtung der Reihenfolge gezogen:
  n^k Möglichkeiten
- Aus einer Urne mit n Kugeln wird k-mal *ohne* Zurücklegen unter Beachtung der Reihenfolge gezogen:
  $\dfrac{n!}{(n-k)!} = n \cdot (n-1) \cdot \ldots \cdot (n-k+1)$ Möglichkeiten
- Aus einer Urne mit n Kugeln werden k Kugeln ohne Zurücklegen und ohne Beachtung der Reihenfolge (bzw. mit einem Griff) gezogen:
  $\dbinom{n}{k} = \dfrac{n!}{k! \cdot (n-k)!}$ Möglichkeiten
  Dieser Ausdruck heißt **Binomialkoeffizient**.

Beim Ziehen ohne Zurücklegen ändern sich bei jedem Zug die Wahrscheinlichkeiten. Spielt dabei die Reihenfolge der gezogenen Kugeln keine Rolle, entspricht dies dem Ziehen mit einem Griff.

Beim Ziehen mit Zurücklegen bleiben die Wahrscheinlichkeiten bei jedem Zug gleich. Deshalb lassen sich hier Wahrscheinlichkeiten, bei denen es nur um die Anzahl bestimmter Kugeln geht, vereinfacht mithilfe der sogenannten Bernoulli-Formel berechnen (dies ist insbesondere bei einer großen Anzahl von Ziehungen bzw. Stufen hilfreich).

Ziehen mit Zurücklegen

Zieht man aus einer Urne mit einem bestimmten Anteil p schwarzer Kugeln n Kugeln mit Zurücklegen, so gilt für die Wahrscheinlichkeit, genau k schwarze Kugeln zu ziehen:

$$P(\text{„genau k schwarze Kugeln"}) = \binom{n}{k} \cdot p^k \cdot (1-p)^{n-k}$$

Diese Formel heißt **Bernoulli-Formel**, vgl. Abschnitt 3.3.

Ein Tetraeder (vierseitiger Würfel mit den Augenzahlen 1, 2, 3 und 4) wird fünfmal geworfen. Notiert wird die Augenzahl der Fläche, auf die das Tetraeder fällt.

Für jeden der n = 5 Würfe gilt:

$$P(\{1\}) = P(\{2\}) = P(\{3\}) = P(\{4\}) = \frac{1}{4} \quad \text{und} \quad P(\{\text{ungerade Zahl}\}) = \frac{1}{2}$$

A: Genau bei 3 Würfen fällt die Augenzahl 2.

$$P(A) = P(\text{„genau 3 Zweier"}) = \binom{5}{3} \cdot \left(\frac{1}{4}\right)^3 \cdot \left(\frac{3}{4}\right)^{5-3} \approx 8,79\,\%$$

B: Es wird immer eine ungerade Augenzahl geworfen.

$$P(B) = P(\text{„genau 5 ungerade Zahlen"})$$
$$= \binom{5}{5} \cdot \left(\frac{1}{2}\right)^5 \cdot \left(\frac{1}{2}\right)^{5-5} = 1 \cdot \left(\frac{1}{2}\right)^5 \cdot 1 = 3,125\,\%$$

3 Zufallsgrößen

3.1 Zufallsgrößen und ihre Wahrscheinlichkeitsverteilung

Eine **Zufallsgröße** oder Zufallsvariable ordnet jedem Ergebnis eines Zufallsexperiments eine reelle Zahl zu. Die **Wahrscheinlichkeitsverteilung** einer Zufallsgröße X gibt an, mit welchen Wahrscheinlichkeiten p_1, p_2, …, p_n die Zufallsgröße die möglichen Werte x_1, x_2, …, x_n annimmt.

In Tabellenform:

x_i	x_1	x_2	…	x_n
$P(X = x_i)$	p_1	p_2	…	p_n

Dabei muss die Summe der Wahrscheinlichkeiten stets 1 ergeben:
$p_1 + p_2 + \ldots + p_n = 1$ (Normierungsbedingung)

Die Veranschaulichung der Wahrscheinlichkeitsverteilung kann durch ein Stabdiagramm oder ein Histogramm erfolgen.

Vorgehensweise
Schritt 1: Werte, die die Zufallsgröße X annehmen kann, auflisten
Schritt 2: Zugehörige Wahrscheinlichkeiten berechnen
Schritt 3: Tabelle und ggf. Stabdiagramm bzw. Histogramm erstellen

 Bei einem gezinkten Würfel wird die Augenzahl 6 mit einer Wahrscheinlichkeit von 0,3 geworfen. Ermitteln Sie die Wahrscheinlichkeitsverteilung der Zufallsgröße X, die die Anzahl der Sechser beim zweimaligen Werfen dieses Würfels angibt.

Schritt 1:
Die Zufallsgröße X kann folgende Werte annehmen:
$x_1 = 0; \quad x_2 = 1; \quad x_3 = 2$

Schritt 2:
Wahrscheinlichkeiten für die einzelnen Werte von X:
$P(X = 0) = P(\text{„keine 6“}) = 0,7 \cdot 0,7 = 0,7^2 = 0,49$
$P(X = 1) = 0,7 \cdot 0,3 + 0,3 \cdot 0,7 = 0,42$
$P(X = 2) = 0,3 \cdot 0,3 = 0,09$

Schritt 3:
Wahrscheinlichkeitsverteilung von X:

x_i	0	1	2
$P(X = x_i)$	0,49	0,42	0,09

Histogramm:

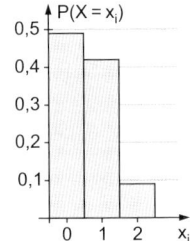

3.2 Erwartungswert, Varianz und Standardabweichung

Erwartungswert

Der Erwartungswert einer Zufallsgröße X gibt an, welcher Mittelwert
bei oftmaliger Wiederholung des Zufallsexperiments zu erwarten ist.

$$\mu = E(X) = \sum_{i=1}^{n} x_i \cdot p_i = x_1 \cdot p_1 + \ldots + x_n \cdot p_n$$

Varianz und Standardabweichung

Die Varianz und die Standardabweichung einer Zufallsgröße X
erfassen die Streuung der Werte um den Erwartungswert von X.

$$\text{Var}(X) = \sum_{i=1}^{n} (x_i - \mu)^2 \cdot p_i = (x_1 - \mu)^2 \cdot p_1 + \ldots + (x_n - \mu)^2 \cdot p_n$$

$$\sigma(X) = \sqrt{\text{Var}(X)}$$

 Ein Englischlehrer stellt für die Notenverteilung der nächsten Klassen-
arbeit zwei mögliche Szenarien gegenüber.

Szenario A

Note x_i	1	2	3	4	5	6
$P(X = x_i)$	0,1	0,15	0,5	0,2	0	0,05

Szenario B

Note y_i	1	2	3	4	5	6
$P(Y = y_i)$	0,2	0,25	0,25	0,05	0,15	0,1

Erwartungswert (Notendurchschnitt) bei beiden Szenarien:

$E(X) = 1 \cdot 0,1 + 2 \cdot 0,15 + 3 \cdot 0,5 + 4 \cdot 0,2 + 5 \cdot 0 + 6 \cdot 0,05 = 3$

$E(Y) = 1 \cdot 0,2 + 2 \cdot 0,25 + 3 \cdot 0,25 + 4 \cdot 0,05 + 5 \cdot 0,15 + 6 \cdot 0,1 = 3$

In beiden Fällen ergäbe sich derselbe Notendurchschnitt.

Varianz/Streuung um den Notendurchschnitt:

$$\begin{aligned}
\text{Var}(X) &= (1-3)^2 \cdot 0,1 + (2-3)^2 \cdot 0,15 + (3-3)^2 \cdot 0,5 + (4-3)^2 \cdot 0,2 \\
&\quad + (5-3)^2 \cdot 0 + (6-3)^2 \cdot 0,05 \\
&= 1,2
\end{aligned}$$

$$\mathrm{Var}(Y) = (1-3)^2 \cdot 0,2 + (2-3)^2 \cdot 0,25 + (3-3)^2 \cdot 0,25 + (4-3)^2 \cdot 0,05$$
$$+ (5-3)^2 \cdot 0,15 + (6-3)^2 \cdot 0,1$$
$$= 2,6$$

$$\Rightarrow \quad \mathrm{Var}(X) < \mathrm{Var}(Y)$$

Die Streuung der Noten um den Notendurchschnitt wäre bei Szenario B größer als bei Szenario A.

Dies wird auch an den Histogrammen deutlich:

Szenario A   **Szenario B**

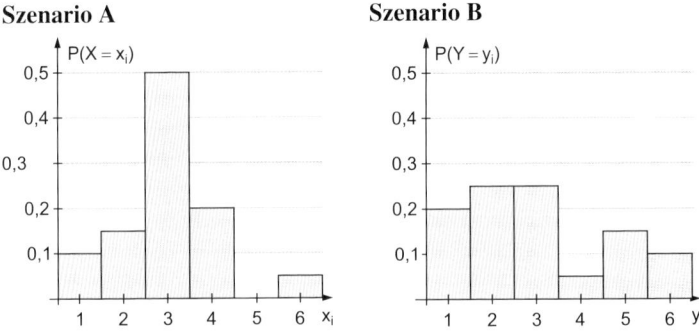

Szenario A: Sehr gute und sehr schlechte Noten treten selten auf.

$\qquad \Rightarrow \quad$ Die Noten streuen nur wenig um den Erwartungswert.

Szenario B: Die Noten sind recht gleichmäßig verteilt.

$\qquad \Rightarrow \quad$ Die Noten streuen stark um den Erwartungswert.

Bemerkungen:
- Der Erwartungswert E(X) einer Zufallsgröße X ist häufig kein Wert, den die Zufallsgröße tatsächlich annimmt.
- Eine Zufallsgröße mit dem Erwartungswert 0 und der Varianz 1 heißt normiert oder standardisiert.
- Ein Spiel ist fair, wenn der Erwartungswert des Gewinns für jeden Spieler gleich null ist.

3.3 Binomialverteilte Zufallsgrößen

Bernoulli-Experiment

Ein Zufallsexperiment mit nur zwei möglichen Ergebnissen (Treffer und Niete) heißt Bernoulli-Experiment. Die Trefferwahrscheinlichkeit bezeichnet man mit p, die Wahrscheinlichkeit für eine Niete mit $q = 1 - p$. Die n-fache unabhängige Wiederholung eines Bernoulli-Experiments heißt Bernoulli-Kette der Länge n. Die Trefferwahrscheinlichkeit p bleibt dabei konstant.

Binomialverteilte Zufallsgröße

Für die Zufallsgröße X, die die Anzahl der Treffer bei einer Bernoulli-Kette der Länge n mit Trefferwahrscheinlichkeit p angibt, gilt:

$$P(X = k) = B(n; p; k) = \binom{n}{k} \cdot p^k \cdot (1-p)^{n-k} \quad (0 \le k \le n)$$

Diese Wahrscheinlichkeitsverteilung heißt Binomialverteilung und X binomialverteilt nach B(n; p).

Die kumulative Verteilungsfunktion einer B(n; p)-verteilten Zufallsgröße ist gegeben durch:

$$F(n; p; k) = P(X \le k) = \sum_{i=0}^{k} B(n; p; i)$$

Für eine B(n; p)-verteilte Zufallsgröße X gilt:

- Erwartungswert: $\mu = E(X) = n \cdot p$
- Varianz: $Var(X) = n \cdot p \cdot (1-p)$
- Standardabweichung: $\sigma(X) = \sqrt{n \cdot p \cdot (1-p)}$

Die Werte für bestimmte Binomialverteilungen und ihre kumulativen Verteilungen können mit einem GTR oder CAS bestimmt werden.

Übersicht über typische Fragestellungen und Rückführung auf die kumulative Verteilungsfunktion:

- genau k Treffer: $P(X = k) = B(n; p; k) = \binom{n}{k} \cdot p^k \cdot (1-p)^{n-k}$
- höchstens k Treffer: $P(X \le k)$
- weniger als k Treffer: $P(X < k) = P(X \le k-1)$
- mindestens k Treffer: $P(X \ge k) = 1 - P(X \le k-1)$
- mehr als k Treffer: $P(X > k) = P(X \ge k+1) = 1 - P(X \le k)$
- mindestens k, aber höchstens h Treffer: $P(k \le X \le h) = P(X \le h) - P(X \le k-1)$

Eine Sportartikelfirma stellt Fußbälle her. Aus langjähriger Erfahrung weiß man, dass 10 % aller produzierten Bälle fehlerhaft sind. In der Endkontrolle werden 10 Bälle zufällig ausgewählt und kontrolliert.

- Mit welcher Wahrscheinlichkeit
  (1) sind genau drei Bälle fehlerhaft?
  (2) sind höchstens vier Bälle fehlerhaft?
  (3) sind mehr als drei Bälle fehlerhaft?
  (4) sind mindestens zwei, aber weniger als fünf Bälle fehlerhaft?

Die Zufallsgröße X gibt die Anzahl der fehlerhaften Bälle bei der Endkontrolle an. X ist binomialverteilt mit $p = 0{,}1$ und $n = 10$.

(1) $P(X = 3) = B(10; 0{,}1; 3) = \binom{10}{3} \cdot 0{,}1^3 \cdot 0{,}9^7 \approx 0{,}0574 = 5{,}74\,\%$

(2) $P(X \leq 4) = \sum_{i=0}^{4} B(10; 0{,}1; i) = 0{,}99837 \approx 99{,}84\,\%$

(3) $P(X > 3) = 1 - P(X \leq 3) = 1 - \sum_{i=0}^{3} B(10; 0{,}1; i)$

$\quad\quad = 1 - 0{,}98720 = 0{,}0128 = 1{,}28\,\%$

(4) $P(2 \leq X < 5) = P(2 \leq X \leq 4) = P(X \leq 4) - P(X \leq 1)$

$\quad\quad = \sum_{i=0}^{4} B(10; 0{,}1; i) - \sum_{i=0}^{1} B(10; 0{,}1; i)$

$\quad\quad = 0{,}99837 - 0{,}73610 = 0{,}26227 \approx 26{,}23\,\%$

- Wie viele Bälle müsste man mindestens kontrollieren, um mit einer Wahrscheinlichkeit von mindestens 95 % mindestens einen fehlerhaften Ball zu finden? („3-Mindestens-Aufgabe")

Nun ist X binomialverteilt mit $p = 0{,}1$ und unbekanntem n.
Es soll gelten:

$$P(X \geq 1) \geq 0{,}95$$
$$1 - P(X = 0) \geq 0{,}95$$
$$P(X = 0) \leq 0{,}05$$
$$\binom{n}{0} \cdot 0{,}1^0 \cdot 0{,}9^n \leq 0{,}05$$
$$0{,}9^n \leq 0{,}05$$

$$\ln(0,9^n) \le \ln(0,05)$$

$$n \cdot \ln(0,9) \le \ln(0,05) \qquad |: \ln(0,9) \ (<0\,!)$$

$$n \ge \frac{\ln(0,05)}{\ln(0,9)} \approx 28,43$$

Man müsste also mindestens 29 Bälle kontrollieren.

Bemerkung: Die Mindestzahl 29 lässt sich mit GTR/CAS auch durch systematisches Probieren ermitteln oder durch eine Schnittpunktbestimmung der Graphen von $f(x) = 0,9^x$ und $g(x) = 0,05$.

Sigma-Regeln

Der Graph einer Binomialverteilung wird durch den Erwartungswert und durch die Standardabweichung gut charakterisiert.

Mithilfe der Standardabweichung σ lässt sich die Wahrscheinlichkeit abschätzen, mit welcher die Trefferanzahl einer Bernoulli-Kette innerhalb einer sogenannten σ-Umgebung um den Erwartungswert liegt.

Für eine binomialverteilte Zufallsgröße X mit den Parametern n und p, dem Erwartungswert $\mu = n \cdot p$ und der Standardabweichung $\sigma = \sqrt{n \cdot p \cdot (1-p)}$ erhält man folgende Näherungen:

(1) $P(\mu - 1,64\sigma \le X \le \mu + 1,64\sigma) \approx 90\,\%$

(2) $P(\mu - 1,96\sigma \le X \le \mu + 1,96\sigma) \approx 95\,\%$

(3) $P(\mu - 2,58\sigma \le X \le \mu + 2,58\sigma) \approx 99\,\%$

Je größer n ist und je näher p bei 0,5 liegt, desto besser wird die Näherung. Sie ist brauchbar, wenn $\sigma > 3$ erfüllt ist (Laplace-Bedingung).

 Ein Würfel wird 120-mal geworfen. Die Zufallsvariable X zählt die Anzahl der geworfenen Einsen.

• Berechnen Sie den Erwartungswert und die Standardabweichung von X.

Die Zufallsgröße X gibt die Anzahl der geworfenen Einsen an. X ist binomialverteilt mit $p = \frac{1}{6}$ und $n = 120$.

Erwartungswert: $\quad \mu = n \cdot p = 120 \cdot \frac{1}{6} = 20$

Standardabweichung: $\quad \sigma = \sqrt{120 \cdot \frac{1}{6} \cdot \frac{5}{6}} \approx 4,1$

Die Voraussetzung für die Anwendung der Sigma-Regeln ist erfüllt, da $\sigma > 3$.

- Bestimmen Sie die 1,64σ-Umgebung des Erwartungswertes. Bestimmen Sie die exakte Wahrscheinlichkeit mit dem Tafelwerk bzw. mit dem Rechner und vergleichen Sie diese mit der Wahrscheinlichkeitsangabe aus den Sigma-Regeln.

  Näherung: $1,64\sigma \approx 6,7$

  $20 - 1,64\sigma \approx 13,3; \ 20 + 1,64\sigma \approx 26,7 \ \Rightarrow \ P(14 \le X \le 26) \approx 90\,\%$

  Exakte Wahrscheinlichkeit: $P(14 \le X \le 26) \approx 89,02\,\%$

  Die berechnete Wahrscheinlichkeit stimmt gut mit dem Näherungswert der Sigma-Regel überein.

Bemerkung: Soll man eine Umgebung des Erwartungswertes angeben, bei der die Wahrscheinlichkeit **mindestens 90 %** beträgt, so müsste man das Intervall korrigieren und statt $\{14; \ldots; 26\}$ das größere Intervall $\{13; \ldots; 27\}$ wählen. Im Rahmen der beurteilenden Statistik spricht man dann vom „Runden zur sicheren Seite" oder vom „Runden nach außen".

Folgerung aus den Sigma-Regeln

Die Graphen der Binomialverteilungen mit großer Stufenzahl n sind nahezu achsensymmetrisch. Daher lassen sich aus den Sigma-Regeln auch Wahrscheinlichkeitsaussagen für Bereiche unterhalb von $\mu - k \cdot \sigma$ und oberhalb von $\mu + k \cdot \sigma$ ableiten:

$P(X < \mu - 1,64 \cdot \sigma) \approx P(X > \mu + 1,64 \cdot \sigma) \approx 5\,\%$

$P(X < \mu - 1,96 \cdot \sigma) \approx P(X > \mu + 1,96 \cdot \sigma) \approx 2,5\,\%$

$P(X < \mu - 2,58 \cdot \sigma) \approx P(X > \mu + 2,58 \cdot \sigma) \approx 0,5\,\%$

4 Beurteilende Statistik

4.1 Schluss von der Gesamtheit auf die Stichprobe

Bei bekanntem Anteil p (Trefferwahrscheinlichkeit) sollen Prognosen über die voraussichtlichen Ergebnisse von Bernoulli-Ketten gemacht werden. Insbesondere interessieren die Bereiche, in denen das Stichprobenergebnis mit hoher Wahrscheinlichkeit liegen wird. Die Sigma-Umgebungen des Erwartungswertes mit den Sicherheitswahrscheinlichkeiten 90 %, 95 % und 99 % liefern Prognoseintervalle für die absoluten Häufigkeiten.

Prognosen für die relativen Häufigkeiten erhält man aus den Regeln über die $\frac{\sigma}{n}$-Umgebungen von p:

$$P\left(p - 1,64\frac{\sigma}{n} \leq \frac{X}{n} \leq p + 1,64\frac{\sigma}{n}\right) \approx 90\,\%$$

$$P\left(p - 1,96\frac{\sigma}{n} \leq \frac{X}{n} \leq p + 1,96\frac{\sigma}{n}\right) \approx 95\,\%$$

$$P\left(p - 2,58\frac{\sigma}{n} \leq \frac{X}{n} \leq p + 2,58\frac{\sigma}{n}\right) \approx 99\,\%$$

Diese Regeln gelten, wenn die Standardabweichung σ größer als 3 ist.

 Bei einer Wahl hat Partei A einen Stimmenanteil von $p = 42,5\,\%$ erreicht. Angenommen, man hätte am Wahltag unter den Teilnehmern der Wahl, nachdem diese das Wahllokal verlassen hatten, eine Wahlbefragung in Form einer Zufallsstichprobe vom Umfang $n = 600$ durchgeführt, welchen Anteil von Wählern hätte man für Partei A erwarten können?

$n = 600;\ p = 0,425;\ \sigma = \sqrt{n \cdot p \cdot (1-p)} = \sqrt{600 \cdot 0,425 \cdot 0,575} \approx 12,1 > 3$

Die Laplace-Bedingung ist erfüllt.

Punktschätzung: Man erwartet, dass auch in der Zufallsstichprobe 42,5 % der Teilnehmer Partei A gewählt haben.

Intervallschätzung:

$\frac{\sigma}{n} = \frac{\sqrt{n \cdot p \cdot (1-p)}}{n} \approx 0,02018$

$1{,}96 \frac{\sigma}{n}$-Umgebung von p:

$$p - 1{,}96 \frac{\sigma}{n} \approx 0{,}425 - 0{,}03956 = 0{,}38544 \approx 38{,}5\,\%$$

$$p + 1{,}96 \frac{\sigma}{n} \approx 0{,}425 + 0{,}03956 = 0{,}46456 \approx 46{,}5\,\%$$

Mit einer Wahrscheinlichkeit von ca. 95 % liegt der Anteil der Wähler von Partei A in der Stichprobe zwischen 38,5 % und 46,5 %.

Bemerkung: Liegt das Stichprobenergebnis innerhalb der $1{,}96 \frac{\sigma}{n}$-Umgebung von p, beispielsweise bei 40,5 %, so bezeichnet man es als **verträglich mit p**. Stichprobenergebnisse außerhalb dieser Umgebung werden als **signifikant abweichend** bezeichnet.

4.2 Schluss von der Stichprobe auf die Gesamtheit

Der Anteil p in der Gesamtheit ist nicht bekannt. Bekannt dagegen ist ein Stichprobenergebnis, d. h. die Anzahl der „Erfolge" bei einer durchgeführten n-stufigen Bernoulli-Kette. Gesucht sind alle Erfolgswahrscheinlichkeiten p, mit denen das Stichprobenergebnis X bzw. $\frac{X}{n}$ verträglich ist. Die so ermittelten Intervalle von p nennt man **Vertrauensintervalle** oder auch **Konfidenzintervalle** für p.

Es wird eine Umfrage von 800 Wahlberechtigten durchgeführt. 430 der Befragten gaben an, die Partei A wählen zu wollen. Kann die Partei A mit der absoluten Mehrheit rechnen? Ermitteln Sie hierzu ein Vertrauensintervall mit der Sicherheitswahrscheinlichkeit von 95 %.

Eine absolute Mehrheit ist mit $p > 0{,}5$ erzielt. Gegeben ist das Stichprobenergebnis $X = 430$ mit der relativen Häufigkeit $\frac{X}{n} = \frac{430}{800} = 0{,}5375$.

Die Standardabweichung lässt sich durch $\frac{X}{n}$ abschätzen:

$$\sigma = \sqrt{n \cdot p \cdot (1 - p)} \approx \sqrt{800 \cdot 0{,}5375 \cdot 0{,}4625} \approx 14{,}1 > 3$$

Die Laplace-Bedingung ist erfüllt. Gesucht sind alle Anteile p in der Gesamtheit, welche die folgende Forderung erfüllen:

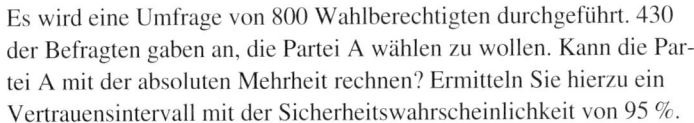

$$p - 1{,}96 \cdot \sqrt{\frac{p \cdot (1 - p)}{800}} \leq 0{,}5375 \leq p + 1{,}96 \cdot \sqrt{\frac{p \cdot (1 - p)}{800}}$$

Man betrachtet die Graphen der
Funktionen mit den Gleichungen:

$$y_1(x) = x - 1{,}96 \cdot \sqrt{\frac{x \cdot (1-x)}{800}}$$

$$y_2(x) = x + 1{,}96 \cdot \sqrt{\frac{x \cdot (1-x)}{800}}$$

$$y_3(x) = 0{,}5375$$

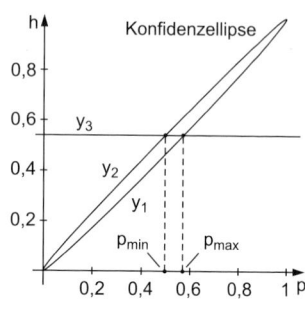

Schnittstellen (GTR/CAS):
$p_{max} = 0{,}5717\ldots$ und $p_{min} = 0{,}5028\ldots$

Weil alle Werte p aus diesem Intervall größer als 0,5 sind, lässt sich
mit der Sicherheitswahrscheinlichkeit von 95 % aussagen, dass die
Partei A mit der absoluten Mehrheit rechnen kann.

4.3 Wahl eines genügend großen Stichprobenumfangs

In 95 % der Stichproben vom Umfang n gilt: $\left| \frac{X}{n} - p \right| \leq 1{,}96 \cdot \frac{\sigma}{n}$

Dabei ist $1{,}96 \cdot \frac{\sigma}{n}$ der maximale Abstand, den das ermittelte Stichprobenergebnis $\frac{X}{n}$ vom Anteil p in der Gesamtheit hat. Soll es von p
höchstens den Abstand d haben, so muss gelten:

$$1{,}96 \cdot \frac{\sigma}{n} = 1{,}96 \cdot \frac{\sqrt{n \cdot p \cdot (1-p)}}{n} \leq d$$

Hieraus folgt für den notwendigen Stichprobenumfang:

$$n \geq \left(\frac{1{,}96}{d} \right)^2 \cdot p \cdot (1-p)$$

Soll die Sicherheitswahrscheinlichkeit 90 % bzw. 99 % betragen, so
muss der Wert 1,96 durch 1,64 bzw. 2,58 ersetzt werden.

 Man will den Anteil der Wähler einer Partei auf 2 Prozentpunkte genau bestimmen (Sicherheitswahrscheinlichkeit 95 %). Wie groß muss
der Stichprobenumfang mindestens sein?

Ist nichts über p bekannt, so ist der ungünstigste Fall zu berücksichti-
gen. Dieser tritt für $p = 0{,}5$ ein, weil dann der Faktor $p \cdot (1-p)$ maximal wird. Daraus folgt:

$$n \geq \left(\frac{1{,}96}{0{,}02} \right)^2 \cdot 0{,}5 \cdot 0{,}5 = 2\,401 \implies \text{Stichprobenumfang mindestens } 2\,401$$

5 Normalverteilung (eA)

5.1 Annäherung der Binomialverteilung durch eine Normalverteilung

Gauß'sche Dichtefunktion:

$$\varphi(x) = \frac{1}{\sqrt{2\pi}} \cdot e^{-\frac{1}{2}x^2}$$

Integralfunktion der Gauß'schen Dichtefunktion:

$$\Phi(x) = \int_{-\infty}^{x} \varphi(t)\, dt$$

Gilt für Binomialverteilungen $\sigma > 3$, so lassen sich die zugehörigen Histogramme durch die Gauß'sche Dichtefunktion annähern. Die Intervall-Wahrscheinlichkeiten können über die Funktion Φ näherungsweise durch Flächenberechnung ermittelt werden. Es gelten dann die Näherungsformeln von DeMoivre und Laplace:

Lokale Näherungsformel:

$$P(X = k) \approx \frac{1}{\sigma} \cdot \varphi\left(\frac{k - \mu}{\sigma}\right)$$

Integrale Näherungsformeln:

$$P(X \leq k) \approx \Phi\left(\frac{k + 0{,}5 - \mu}{\sigma}\right)$$

$$P(k_1 \leq X \leq k_2) \approx \Phi\left(\frac{k_2 + 0{,}5 - \mu}{\sigma}\right) - \Phi\left(\frac{k_1 - 0{,}5 - \mu}{\sigma}\right)$$

Es gilt: $\varphi(-x) = \varphi(x)$ und $\Phi(-x) = 1 - \Phi(x)$

Die Funktionswerte $\varphi(x)$ und $\Phi(x)$ lassen sich mit einem Rechner (GTR oder CAS) oder mit einem Tafelwerk bestimmen.

1. X sei binomialverteilt mit $n = 100$ und $p = 0{,}5$. Berechnen Sie $P(X = 40)$ mithilfe der lokalen Näherungsformel.

   Mit $\mu = 100 \cdot 0{,}5 = 50$ und $\sigma = \sqrt{100 \cdot 0{,}5 \cdot 0{,}5} = 5$ folgt:

   $$P(X = 40) \approx \frac{1}{5} \cdot \varphi\left(\frac{40 - 50}{5}\right) = \frac{1}{5} \cdot \varphi(-2) = \frac{1}{5} \cdot \varphi(2) \approx 0{,}0108$$

2. Eine deformierte Münze wird 100-mal geworfen. Die Wahrscheinlichkeit für Kopf beträgt 0,4. Bestimmen Sie die Wahrscheinlichkeit, dass
   (1) weniger als 35-mal Kopf fällt,
   (2) mindestens 42-mal Kopf fällt,
   (3) mindestens 36-mal und höchstens 43-mal Kopf fällt.

$\mu = 100 \cdot 0,4 = 40; \ \sigma = \sqrt{100 \cdot 0,4 \cdot 0,6} = \sqrt{24} \approx 4,9 > 3$

Die Laplace-Bedingung ist erfüllt.

(1) $P(X < 35) = P(X \leq 34) \approx \Phi\left(\dfrac{34 + 0,5 - 40}{\sqrt{24}}\right) \approx \Phi(-1,12) \approx 0,1314$

(2) $P(X \geq 42) = 1 - P(X \leq 41) \approx 1 - \Phi\left(\dfrac{41 + 0,5 - 40}{\sqrt{24}}\right) \approx 1 - \Phi(0,31)$

$\approx 1 - 0,6217 = 0,3783$

(3) $P(36 \leq X \leq 43) = \Phi\left(\dfrac{43 + 0,5 - 40}{\sqrt{24}}\right) - \Phi\left(\dfrac{36 - 0,5 - 40}{\sqrt{24}}\right)$

$\approx \Phi(0,71) - \Phi(-0,92) \approx 0,7611 - 0,1788 = 0,5823$

5.2 Wahrscheinlichkeiten bei normalverteilten Zufallsgrößen

Stetige Zufallsgrößen können in einem Intervall beliebige Zahlenwer-
te x annehmen. Ihre Wahrscheinlichkeitsverteilung ist durch eine nicht-
negative Dichtefunktion f gegeben, die folgende Eigenschaften hat:

(1) $\displaystyle\int_{-\infty}^{\infty} f(x)\,dx = 1$

(2) $P(a \leq X \leq b) = \displaystyle\int_{a}^{b} f(x)\,dx$

Eine stetige Zufallsgröße heißt normalverteilt mit dem Erwartungswert
μ und der Standardabweichung σ, wenn die zugrunde liegende Dichtefunktion durch

$\varphi_{\mu;\,\sigma}(x) = \dfrac{1}{\sigma \cdot \sqrt{2\pi}} \cdot e^{-\frac{1}{2} \cdot \left(\frac{x-\mu}{\sigma}\right)^2}$

gegeben ist. Die Gauß'sche Dichtefunkton φ ergibt sich als Spezialfall
für $\mu = 0$ und $\sigma = 1$.

Die Intervall-Wahrscheinlichkeiten können über die Gauß'sche Integralfunktion $\Phi_{\mu;\,\sigma}$ ermittelt werden. Die Funktion Φ (s. Abschnitt 5.1) ergibt sich hier wieder als Spezialfall für $\mu = 0$ und $\sigma = 1$. Es gilt:

$$P(k_1 \leq X \leq k_2) = \int\limits_{k_1}^{k_2} \varphi_{\mu;\,\sigma}(x)\,dx = \int\limits_{-\infty}^{k_2} \varphi_{\mu;\,\sigma}(x)\,dx - \int\limits_{-\infty}^{k_1} \varphi_{\mu;\,\sigma}(x)\,dx$$

$$= \Phi_{\mu;\,\sigma}(k_2) - \Phi_{\mu;\,\sigma}(k_1) = \Phi\left(\frac{k_2 - \mu}{\sigma}\right) - \Phi\left(\frac{k_1 - \mu}{\sigma}\right)$$

Zudem gilt:

$P(\mu - \sigma \leq X \leq \mu + \sigma) \approx 68{,}3\,\%$

$P(\mu - 2\sigma \leq X \leq \mu + 2\sigma) \approx 95{,}4\,\%$

$P(\mu - 3\sigma \leq X \leq \mu + 3\sigma) \approx 99{,}7\,\%$

Man beachte, dass diese Regeln – im Gegensatz zur Binomialverteilung – für beliebige Werte von σ gelten.

Der Durchmesser von Schrauben einer bestimmten Produktion ist normalverteilt mit $\mu = 14$ mm und $\sigma = 0{,}1$ mm.

- Mit wie viel Prozent Ausschuss ist zu rechnen, wenn der Schraubendurchmesser mindestens 13,84 mm und höchstens 14,15 mm betragen darf?

  X: Schraubendurchmesser in mm
  Wahrscheinlichkeit für korrekten Durchmesser:

  $$P(13{,}84 \leq X \leq 14{,}15) = \Phi\left(\frac{14{,}15 - 14}{0{,}1}\right) - \Phi\left(\frac{13{,}84 - 14}{0{,}1}\right)$$

  $$= \Phi(1{,}5) - \Phi(-1{,}6) = 0{,}9332 - 0{,}0548$$

  $$= 0{,}8784 = 87{,}84\,\%$$

  Man muss also mit $100\,\% - 87{,}84\,\% = 12{,}16\,\%$ Ausschuss rechnen.

- Wie groß dürfen die Abweichungen vom Erwartungswert $\mu = 14$ mm sein, wenn man höchstens 5 % Ausschuss haben möchte?

  Soll der Ausschuss höchstens 5 % betragen, so müssten mindestens 95 % der Schrauben fehlerfrei sein, d. h., ihre Durchmesser müssten in der 2σ-Umgebung von $\mu = 14$ mm liegen. Da $2\sigma = 0{,}2$ mm beträgt, dürfen die Abweichungen von 14 mm (nach oben und unten) höchstens 0,2 mm betragen.

Stichwortverzeichnis

Analysis

Ableitung 11 ff.
Achsensymmetrie 3 f.
Amplitude 10

begrenztes Wachstum 38 f.
bestimmtes Integral 28 ff.
Betragsfunktion 27

Differenzenquotient 11
Differenzialquotient 11
Differenzierbarkeit (eA) 28

Exponentialfunktion 7
Exponentialgleichung 8
exponentielles Wachstum 37 f.
Extrempunkt 13 ff.
Extremwertaufgabe 20 f.

Faktorregel 12
Flächeninhalt
– zw. Graph und x-Achse 34 f.
– zw. zwei Graphen 35

ganzrationale Funktion 1 ff.
Grenzwerte 2

Hauptsatz der Differenzial-
    und Integralrechnung 32 f.
hinreichende Bedingung 15
Hochpunkt 13 ff.

Integralfunktion 32
Integrationsregeln 33

Kettenregel 12
Kosinusfunktion 9
Krümmungsverhalten 16 f.
Kurvendiskussion 13 ff.

Lineares Gleichungssystem 23
Logarithmusfunktion 8
Logarithmusgesetze 8
logistisches Wachstum (eA) 39 f.

Maximum, Minimum 13 ff.
Monotonieverhalten 13 ff.

Normale 19 f.
notwendige Bedingung 15
Nullstellen 1 ff.

Periode 10
Polynomfunktion 1
Potenzregel 11 f.
Produktregel 12
Punktsymmetrie 3 f.

rekonstruierter Bestand 29 f.

Sattelpunkt 13 ff.
Sinusfunktion 9
Stammfunktion 30 ff.
Stauchung 5 f., 9
Stetigkeit (eA) 26 ff.
Streckung 5 f., 9
Summenregel 12
Symmetrie 3 f.

Tangente 19 f.
Trassierung 25 f.
Tiefpunkt 13 ff.

Umkehrfunktion (eA) 10 f.

Verschiebung 4 f., 9
Vielfachheit 2 f.
Volumen Rotationskörper (eA) 36

Wendepunkt 17 ff.
Wurzelfunktion 9

Geometrie

Abstand
– paralleler Geraden (eA) 59
– von Ebene zu Ebene (eA) 56 f.
– von Gerade zu Ebene (eA) 56
– von Punkt zu Ebene (eA) 56
– von Punkt zu Gerade (eA) 57 ff.
– von Punkt zu Punkt 41
– windschiefer Geraden (eA) 60

Betrag eines Vektors 44

Ebene
– Koordinatenform (eA) 51 f.
– Normalenform (eA) 51 f.
– Parameterform 49 ff.

Gerade 47 ff.

Lage
– von Gerade zu Ebene (eA) 52 f.
– zweier Ebenen (eA) 54
– zweier Geraden 48 f.

Länge eines Vektors 44
lineare (Un-)Abhängigkeit 45
Linearkombination 45

Mittelpunkt einer Strecke 43

Normalenvektor (eA) 51

Orthogonalität 45

Parallelität 45, 48 f., 54
Projektion 46

Schnittwinkel zwischen
– Gerade und Ebene (eA) 55
– zwei Geraden 55
– zwei Ebenen (eA) 55
skalare Multiplikation 42 f.
Skalarprodukt 45 f.

Vektoraddition 42 f.

windschief 48, 60
Winkel zwischen Vektoren 45 f.

Stochastik

absolute Häufigkeit 64

Abzählen 71 f.

Anzahl der Möglichkeiten 71 f.

Additionssatz 65

arithmetisches Mittel 61 f.

Baumdiagramm 67, 69 f.

bedingte Wahrscheinlichkeit
68 ff.

Bernoulli-Experiment 76

Bernoulli-Formel 71 f.

Binomialkoeffizient 71 f.

Binomialverteilung 76 ff.

empirisches Gesetz der großen
Zahlen 66

empirische Standardabweichung
62 f.

empirische Varianz 62 f.

Ereignis 63 f.

Ergebnis 63

Ergebnisraum 63

Erwartungswert 74 ff.

Gauß'sche Dichtefunktion (eA)
83

Gegenereignis 64

Laplace-Experiment 65 f.

Komplementärregel 65

Konfidenzintervall 81 f.

Median 61 f.

Modalwert 61 f.

Normalverteilung (eA) 83 ff.

Pfadregeln 67

relative Häufigkeit 64

Schluss von Gesamtheit auf
Stichprobe 80 f.

Schluss von Stichprobe auf
Gesamtheit 81 f.

Schnittmenge 64

Sigma-Regeln 78 f.

Spannweite 62 f.

Standardabweichung 74, 76

Stichprobenumfang 82

stochastisch (un-)abhängig 69 f.

Urnenmodelle 71 f.

Varianz 74 ff.

Vereinigungsmenge 64

Verknüpfen von Ereignissen 64

Vierfeldertafel 68, 70

Wahrscheinlichkeit 65

Wahrscheinlichkeitsverteilung
72 f.

Ziehen mit / ohne Zurücklegen
71 f.

Zufallsexperiment 63

Zufallsgröße 72 ff.